DUELO

Íntimo. Privado. Público

María Elena Elmiger

DUELO
Íntimo. Privado. Público

Epistoprólogo
por
Néstor A. Braunstein

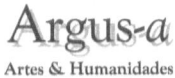
Artes & Humanidades

Argus-*a*
Artes y Humanidades / Arts and Humanities
Buenos Aires - Los Ángeles
2016

DUELO. Íntimo. Privado. Público

ISBN 978-1-944508-02-9

Diseño de tapa: Argus-a Artes y Humanidades/
    Arts and Humanities
Ilustración de tapa: *At the Eternity Gate*, de V. Van Gogh, reproducida con permiso del Kröller-Müller Museum, Amsterdam.

© 2016 María Elena Elmiger

All rights reserved. This book or any portion thereof may not be reproduced or used in any manner whatsoever without the express written permission of the publisher except for the use of brief quotations in a book review or scholarly journal.

Editorial Argus-*a*
16944 Colchester Way,
Hacienda Heights, California 91745
U.S.A.

Calle 77 No. 1976 – Dto. C
1650 San Martín – Buenos Aires
ARGENTINA
argus.a.org@gmail.com

*A mis hermanos Pepi y Juancho.
Ellos son trazos de este libro.*

*A José. A mis hijos Lorena, José Alejandro y Pablo,
por hacerlo posible.*

AGRADECIMIENTOS

A mi maestra: Marta Gerez Ambertín.

A Néstor Braunstein, por su minuciosa lectura y sus precisas contribuciones.

A Claudia Nicolini: por su paciente lectura, sus aportes y su compañía.

A Gustavo Geirola.

A Gabriela Abad, por su criteriosa escucha.

A mis discípulos, supervisantes y analizantes. Ellos fueron mi guía.

EPISTOPRÓLOGO

¡Lo que son las cosas, esas afortunadas coincidencias que dan sabor a nuestras vidas!

En junio de 2015, habiéndome ya trasladado de México a Barcelona para empezar un segundo y fecundo exilio, recibo un correo de mi querida amiga Malena Elmiger:

"Querido Néstor: ¿Cómo estás? Te escribo apelando a tu generosidad, con un poco de pudor, por qué no decirlo...

"Acabo de terminar un libro que no fue fácil escribir, sobre todo porque fue primero mi tesis doctoral y luego traté de que tome forma de libro. A mí me encantaría que vos lo prologues".

¿Qué, en qué términos, le contestaría? Como siempre que recibo una invitación semejante, no me apresuro sino que pido el texto del libro a prologar y eso significa, por lo común, si, como en este caso y en principio, por simpatía con la autora, estuviese dispuesto a aceptar, el comienzo de un diálogo en el que aprendo de quien me pide el prólogo y ha producido una obra que se dispone a firmar con su nombre. Después de sumergirme en la obra puedo definir mi posición positiva, la de aceptar, junto con el honor, la responsabilidad de apadrinar el libro escribiendo un texto de presentación.

Palabras van, palabras vienen, acotaciones, aclaraciones, anotaciones, observaciones, aportaciones, pocas veces correcciones, se fueron sucediendo entre María Elena y yo, hasta que, terminando febrero de 2016, recibí el texto (casi) definitivo. Lo dejé en el archivo de mi correo porque —como de inmediato explicaré— no tuve tiempo para leerlo en las primeras semanas de marzo. Cuando, finalmente, pude atender a él, constaté la belleza y la importancia de la obra que María Elena me invitaba a prologar y el entusiasmo con el que podría dedicarme a escribir las páginas del bautismo.

¿Por qué no lo leí de inmediato? Porque unos queridos amigos de la ciudad de México (Liora Stavchansky) y de Poza Rica en Veracruz (Ricardo García y América Espinosa) me habían ofrecido una tarea parecida e igualmente absorbente. A partir de una edición anterior que habían hecho sobre la "Introducción del Narcisismo" de Sigmund Freud (1914-2014) un libro que, por otra parte, era consecutivo a uno anterior que coedité y apareció en portugués, francés y español en Rio de Janeiro, París y México dedicado a comentar y celebrar los 100 años del libro de Freud *Tótem y tabú (1913-2013)*, estos destacados psicoanalistas mexicanos querían editar otro libro conmemorativo más, dedicado esta vez al artículo de Freud "Duelo y melancolía", cuya primera edición fue publicada en 1917. Los colegas trabajaron con enorme entusiasmo y recopilaron meritorios y originales trabajos escritos en México, España y Argentina de los que podían sentirse tan orgullosos de difundir como yo de presentar al público con una nota introductoria. Leer esos artículos, dialogar con los autores de cada uno, arreglar detalles con los tres coeditores y escribir el prólogo que me pedían fueron mi ocupación en los últimos días del invierno de este año. Pude redactar ese prefacio y, por fin, empezar la primavera leyendo el libro de Elmiger, el de los duelos que me llegaba de Tucumán. Lo hice con creciente placer, rápidamente entusiasmado; al día siguiente le respondí a María Elena con una propuesta en cierto modo incendiaria:

"Querida Malena: "Mis felicitaciones. Has escrito un libro hermoso y valioso que me honrará prologar.

"Más aún: unos compañeros de la Universidad Veracruzana están preparando un volumen para conmemorar los 100 años de "Duelo y Melancolía" que se cumplen en 2017.

"Me han ofrecido el privilegio de redactar un prólogo para ese volumen. El libro está ya virtualmente terminado y reúne a varios autores de México, Argentina y España. Me dará mucho gusto escribirles a esos compañeros para pedirles —si me autorizas— que incluyan en el suyo un capítulo de tu libro con la estructura tan precisa que tienen todos los tuyos: revisión bibliográfica, reflexión teórica y viñeta clínica ilustrativa y bien narrada. Sería el capítulo que tú elijas y me parece conveniente que agregues un párrafo indicando qué lugar ocupa ese capítulo dentro de la obra. Muy pocas correcciones habría que hacer, las más de ellas tipográficas en la manera de presentar las citas y de poner la bibliografía para ese capítulo escogido por vos en vez de remitir a la bibliografía general que cierra el libro como es lógico.

"También, si me autorizas, enviaré copia de este correo a estos amigos de México y Veracruz, para que entren en contacto directo contigo si ellos consideran adecuado (descuento que lo harán) incorporar este nuevo capítulo que realzará la obra que están armando con suma dedicación. También y con tu aceptación les enviaría el libro completo".

Pocas horas más tarde recibo de Malena la respuesta:

"Querido Néstor: Me encantaría participar de ese libro. ¡Gracias! Sería realmente hermoso si se me incluye. Te agradezco muchísimo las observaciones que guiaron esta última etapa y tu aceptación a prologar el libro. Más te agradezco los elogios que no creo merecer, pero que acepto porque lo que viene de vos enriquece. Por supuesto que puedes enviarles mi contacto a los colegas de Veracruz".

Sin tardanza, escribí a México: "Queridos América, Liora y Ricardo: "La suerte ha querido que una buena y estimable colega de Tucumán me haya pedido el prólogo, hace casi un año ya, para una tesis que posteriormente se transformaría en libro sobre el tema del o de los duelos. Hemos intercambiado varios correos y, finalmente, el resultado es más que satisfactorio, una de las mejores obras sobre el tema, con viñetas clínicas apasionantes además de un ajustado aparato bibliográfico, nunca sofocante. Por eso hoy, después de completar la lectura de ese libro de 183 apretadas páginas, me atreví a hacerle una proposición que, si ella aceptaba, se las transmitiría a ustedes con mi recomendación para cualquiera de los capítulos que ella prefiera. Les toca a ustedes decidir si pueden aceptar este agregado considerando que la obra está ya prácticamente concluida. Va copia para María Elena de esta propuesta".

Todos estos correos son del mismo día: el 22 de marzo de 2016. En la tarde, casi sin tiempo ni para respirar, recibí esta respuesta desde Veracruz:

"Queridos Néstor y Malena. Con mucho gusto recibimos la propuesta de inclusión del capítulo sobre Duelo de Malena para ser incluidos en el libro:

Duelo y Melancolía. Freud: Conmemoración centenaria (1917-2017). Estaremos atentos al envío que esperamos sea en breve".

María Elena seleccionó el capítulo 6 e hizo las pequeñas correcciones necesarias para separarlo de su obra e integrarlo el libro colectivo. Ya está en marcha la edición veracruzana engalanada con un nuevo capítulo, el minucioso recorrido que Elmiger hace por el texto freudiano, sus antecedentes y sus consecuencias. Me toca ahora, después de la narración de esta historia, explicar las causas de mi entusiasmo por el libro cuyo prólogo en este momento usted, lector, está preparándose a conocer.

Lo diré rápido: esta obra se destaca por la claridad, por el estilo directo con que se aborda el doloroso tema sin vanas disquisiciones ni recurso a un vocabulario hermético para "expertos" lacanosos que muchas veces no saben lo que dicen, que no se entienden ni a sí mismos. Lo conceptual y lo clínico, por un lado, la memoria individual, la memoria colectiva y la memoria histórica, por el otro, crean un entramado discursivo convincente que transmite la esencia del tema de las pérdidas y de las modalidades de su elaboración. Y esa esencia radica en que el duelo es una experiencia universal, algo en medio de lo cual todos vivimos cada día de nuestra existencia y, por lo tanto, no puede trazarse una frontera entre la condición de doliente y la indolencia. No hay formas "normales" y "anormales o patológicas" de vivirlo. Siempre, para todos, hay algo que se nos va, aunque más no fuese el tiempo de nuestras vidas y la de aquel o aquello que amamos. Toda luz es pasajera y su destino es desvanecerse ¿quién no lo sabe y tanto más cuanto más quisiera negarlo? Constantemente estamos rehaciendo nuestra sangre frente a la hemorragia de la vida que corre hacia su deletérea desembocadura.

Así, tampoco hay fronteras entre nuestro duelo y el que simultáneamente elabora nuestro prójimo, aquel al que, se nos dice, deberíamos amar como a nosotros mismos. Los duelos se interconectan, se conviven y comunican entre sí. La separación final yace, más o menos velada, en el corazón de todos los encuentros con el otro: padres, hijos, amigos, colegas, amantes. La muerte es el telón de fondo de la vida, de lo viviente, cualquiera sea su naturaleza.

Por eso mismo no puede hablarse de modalidades anormales del duelo. Cada uno hace, ante la pérdida real o fantaseada, lo mejor que puede. Ninguna medida en términos de tiempo o intensidad del dolor podría decir cuánto o cómo se debe sufrir por una pérdida consciente o inconsciente de objetos materiales o de ideales. ¿Quién de nosotros no ha soñado con la muerte de seres queridos y los sentimientos que acompañan a su ausencia o ha hecho reaparecer a los que ya se fueron dándoles una insólita metempsicosis? Se puede anticipar o negar la muerte de los seres queridos sin que quepa la sencilla, torpe y falaz interpretación de "es porque tú lo deseas".

Igualmente sabemos que la pérdida que sufre el otro puede ser nuestro placer y viceversa. Es lo que se da en llamar con un sustantivo que no tiene traducción: *Schadefreude*, alegría ante la pena del otro. Freud podía, sin ser cínico, citar a Heine en *El malestar en la cultura*: "Tengo la disposición más apacible que se pueda imaginar. Mis deseos son: una modesta choza, un techo de paja, una cama suave, buena mesa, manteca y leche bien frescas, unas flores ante la ventana, algunos árboles hermosos ante la puerta, y si el buen Dios quiere hacerme completamente feliz, me concederá la alegría de ver colgados de estos árboles a unos seis o siete de mis enemigos. Con el corazón enternecido les perdonaré antes de su muerte todas las iniquidades que me hicieron sufrir en vida. Es cierto: se debe perdonar a los enemigos, pero no antes de su ejecución".

Duelo, con-dolencia y *Schadefreude* son experiencias dialécticas, vienen y se efectúan en el otro, ese prójimo que, lo sabemos, es la víctima de las quejas del melancólico que goza con la compasión que dice sentir por él. ¿Es esa posición subjetiva del doliente "normal" o "anormal", sana o patológica, valiente o cobarde? El psicoanálisis se erige en contra de todo intento de regular las respuestas del sujeto: su ética es la del bien decir y no la del ajuste a la moral vigente o a una pretendida moral contestataria. Haciendo que el sujeto pueda decir *su verdad* en un diálogo sin condiciones, el análisis permite que emerja el deseo inconsciente y que ese sujeto pueda revisar esas respuestas, esa posición subjetiva eminentemente fluida, móvil, cambiante, rizomática, como dirían Deleuze y Guattari. Hacer un duelo, trabajarlo, vivirlo, es metabolizar, desconstruir y reconstruir la subjetividad y acaba, temprano descubrimiento del psicoanálisis bien evocado por Malena Elmiger, cuando se incorpora lo perdido, se lo hace propio, y uno se identifica con lo que estuvo y ya nos dejó. Malena llega incluso a atribuir a Freud una frase que no pude encontrar en sus obras, llega a citar entre comillas un sintagma que (creo, puedo equivocarme) no es de Freud sino de ella misma… ¡Y me atrevo a pensar que soy yo, Néstor, quien ha encontrado esa pepita de oro en su texto que me llena de alegría! Le diría —le digo—: "No lo corrijas, Malena; es tu hallazgo y Freud estaría contento de haberlo dicho él; es el mismísimo Freud quien debe agradecerte el haber puesto que el yo "*es un cementerio de identificaciones*". Tal vez en el fondo esté Lacan que tampoco (otra vez, creo yo, hasta que me muestren lo contrario) ha hablado de "cementerio" aunque no esté lejos algo que dijo en el seminario II, que "*le moi est comme la superposition de différents manteaux empruntés à ce que un bric-à-brac d'identifications de son magasin d'accessoires*" "El yo es como la superposición de diferentes abrigos sacados de lo que yo llamaría el *bric-à-brac* de su almacén de accesorios". Ni los diccionarios ni los traductores (ni yo) saben qué hacer con *bric-à-brac* y usan por lo general la fea palabra *batiburrillo*. Aunque no sea exactamente lo mismo, a mí me gusta lo que tradujo alguno: *ropavejería*. Pero todas esas versiones palidecen ante la exactitud de la expresión de Elmiger: "*el yo es un cementerio de identificaciones*".

En efecto, en cada uno de nosotros yacen todos los exquisitos cadáveres de aquellos a quienes hemos (con ambivalencia, con culpa, con reproches, con celos) amado: los que fueron y dejaron su lugar a otros: los que fui. ¡Ojo!; eso sí, los muertos no se quedan quietos, son eternos *revenents*, como en las películas de George Romero y se agitan en una danza macabra colándose en toda clase de formaciones del inconsciente y, muy en particular, en esas identificaciones que son, no el esqueleto de ellos, no, sino el nuestro propio.

Si somos eso que perdemos, si el duelo es nuestra condición existencial, debemos admitir con María Elena que, hasta un cierto punto, nos enriquecemos con las pérdidas (al contrario de lo que diría la economía política más elemental) y por lo tanto, como nuestro inconsciente no lo ignora, somos cada vez más deudores (culpables), tal como lo establece Marta Gerez Ambertín, de aquellos que nos han precedido, de quienes fueron las víctimas mientras que nosotros hemos sobrevivido y contrajimos con ellos un deber autoimpuesto de memoria y de conservación histórica de sus restos, el deber "antigónico" de honrarlos y darles sepultura, ese deber que tiende a ignorarse en estos tiempos de la "muerte seca", seca de lágrimas, seca de sepulcros, seca de registros y archivos aunque proliferen fotos, *selfis* y videos que flotan en la aletosfera. El yo se abstiene de recordar, se sumerge en un eterno presente, cambia el foco de atención y construye el cementerio no en su propia subjetividad sino en la *web* donde todos los gatos son pardos y todos los héroes se igualan en el cambalache (el tango viene en auxilio de los traductores extraviados por el *bric-à-brac*).

Si la elaboración de las pérdidas es nuestra constante actividad y es también nuestro destino, solo nos queda éticamente la elección de la manera de sobrellevarlas, en otras palabras, de lo que hacemos en la relación con quienes nos acompañan. Esa es la función, tan bien trabajada por Elmiger de los rituales y de la manifestación de la con-dolencia solidaria, muchas veces ambivalente, hay que confesarlo; eso también es "trabajo del duelo". Cada pérdida pone en marcha un *"working through"*; en ese sentido, el análisis es un escenario privilegiado para la elaboración del duelo, para la recordación y la preparación para los futuros duelos, incluido, claro está el del (de la) analista misma. Nada es más claro: cada sesión de análisis es una preparación para la despedida: el final del análisis está no en el tiempo, está en el comienzo mismo de la experiencia.

Que se recuerde eso cada vez que se lee en este libro lo que la autora modestamente llama "pinceladas" o "viñetas" clínicas, las vívidas descripciones de sujetos desgarrados por pérdidas que no pudieron trabajar porque la historia o las circunstancias lo impidieron. Uno de los valores mayores, quizás el decisivo, del texto es precisamente el de acompañar las reflexiones teóricas, las investigaciones antropológicas y en la mitología, la meticulosa lectura de los textos de Freud, Lacan, Abraham y Torok, Gerez Ambertín, Allouch, etc., la aguda mención de la literatura trágica, la exploración de la historia que el Otro querría suprimir como si quitando el registro quitase el crimen, de acompañar todo eso, decía, con los documentos vivientes que son la reactualización y la amortiguación del agujero traumático, de la falta en lo real, mediante el trabajo paciente durante las horas del día y la profundización de lo vivido en las sesiones durante la noche, cuando la analista cumple con la función esencial, vital, para el psicoanálisis, que es la de transmitir por escrito lo que se aprendió en esas horas diurnas que son, podemos decirlo sin vergüenza, *terapéuticas*.

Néstor A. Braunstein, mayo de 2016.

INTRODUCCIÓN

Este libro surgió de la necesidad de pensar el duelo en lo singular y en lo colectivo; en lo privado, en lo íntimo y en lo público; en la lápida misma del duelo propio y del ajeno (¿es propio o ajeno?, ¿hay duelo sólo propio, de uno mismo, o el duelo siempre transporta una ajenidad?)

Al comenzar la pesquisa acerca de la reacción del sujeto ante la muerte, surgió el primer escollo: ¿puede hablarse de duelo normal y duelo patológico? Algunas voces se alzan en contra. ¿Es posible hablar de trabajo de duelo? Allouch y otros psicoanalistas discrepan de Freud en este punto. ¿Es cierto que Freud no incluyó al semejante y lo social en el duelo? Como *"Navigare necesse est. Vivere non est necesse"*[1] era preciso organizar la partida y jugarla, aun sabiendo que el tema, como el duelo, sería seguramente inacabable.

Pensamos que tomar los significantes subjetivación/desubjetivación podría ser más propicio que normalidad/anormalidad. Esto es así porque subjetivación o función subjetivante atañe, por un lado, a lo público, a lo privado y a lo íntimo, pero también a los rostros de la culpa (simbólica, imaginaria y real), presentes en el duelo.

Freud y Lacan afirman que la muerte confronta al deudo con un agujero que puede perder su borde, su circunferencia, sus barreras protectoras, y "chuparlo", cual agujero negro. De las posibles maneras de contornear tan inevitable fractura y su concomitante angustia devendrá lo que proponemos como operación subjetivante del duelo.

---

[1]*Navegar es necesario. Vivir no lo es.* Divisa de la liga Hanseática. Siglo XIII. S. Freud lo cita en "De Guerra y muerte, temas de actualidad" (1915), 292.

Hemos recorrido algunos textos de Hannah Arendt y de Primo Levi para transitar las tramitaciones del duelo en las catástrofes históricas, pero también para entender sus rostros: el duelo público —social, político, religioso, jurídico—, el privado –costumbres, hábitos, rituales, conservación de pequeñas reliquias que llevan una parte del muerto—, y el íntimo –que relanza el trabajo del inconsciente. El pensamiento y la pluma de Arendt permitieron confrontar la condición humana (significante arendtiano) con lo que concebimos por operación subjetivante. Este seguimiento se realiza en el segundo capítulo.

¿De qué manera la herida que produce una muerte se costura, se enhebra con hilos simbólico—imaginarios recomponiendo la subjetividad? ¿Y cuándo fracasa esta operación?

Es preciso pensar que cada duelo es diferente. Hay algunos, como bien lo postulaba Nicolas Abraham, encriptados: por ciertas razones, a veces, desconocidas, el doliente no puede reconocerse como tal. Ocurre que el duelo convoca a un juicio al muerto, precisa de razones: si quiso morir, si se suicidó, si murió en un accidente, si enfermó o si lo mataron. A veces hace falta la intervención de la Justicia, que no siempre es llamada a dar respuestas. No es lo mismo una muerte accidental (azarosa) que una muerte provocada premeditadamente por un semejante, o por el Otro social o político, sea un homicidio singular u homicidios múltiples. A veces el goce del Otro es tal –como ha ocurrido en Alemania y en Argentina— que no quedan los cuerpos como restos para ser velados y enterrados (palabras que pueden usarse en varias acepciones para el duelo) y la muerte queda muchas veces silenciada, encriptada. No se amortigua el espanto, no hay pantalla simbólico–imaginaria que "di—vierta o di—simule" (Braunstein, 2012, 137) lo real, salvo el ofrecimiento sacrificial al Otro gozador.

En el capítulo III delimitamos lo que entendemos por duelo. Para ello seguimos a Freud, Lacan, autores post—freudianos como Karl Abraham, Melanie Klein y otros más próximos: Nicolás

Abraham y María Torok, Jean Allouch, Marta Gerez Ambertín y Adriana Bauab. Logramos arribar a una idea propia acerca del duelo; se lo propone como una operación inexacta que, sin embargo, va enmascarando lo real de la muerte mientras el deudo construye un lazo diferente con el que murió.

Nos aproximamos en el capítulo IV al entramado duelo—culpa. Abrevamos allí en los aportes de Gerez Ambertín sobre los registros de la culpa (culpa imaginaria, culpa inconsciente, culpa muda) que dan las versiones, con—versiones y/o père—versiones al duelo. El duelo confronta con el abismo y su camino es por los bordes que dibuja la culpa.

Luego (capítulo V) la cita es con *Tótem y Tabú* (1912—13) "De Guerra y Muerte. Temas de actualidad" (1915) y la "Transitoriedad" (1915), trilogía escrita antes y durante la primera Gran Guerra. Leyendo a Freud encontramos un contrapunto entre lo que era la muerte convocando a rituales públicos y privados (*Tótem y Tabú*) y lo que comenzó a ser desde 1914: masivas, las más de las veces sin cadáveres y sin ritos. Freud era testigo de momentos en los que la humanidad se precipitaba obscenamente a su autodestrucción. En esos textos separa procesos simbólico—imaginarios: alucinaciones en los duelos, creer o esperar ver al muerto, eso que Allouch llama "vivancia" (2006, 70) aún *heimlich*, familiar, esperado, de los demonios, lo ominoso, lo siniestro, lo *unheimlich*: el horror de lo real, lo que vuelve siempre al mismo lugar, lo que se repite sin cesar, lo que no deja de no escribirse, la pesadilla constante (lo real con un tenue rostro imaginario). Es la culpa, en su vertiente imaginario—simbólica en el primer caso, e imaginario—real en el segundo.

Durante ese tiempo de guerra Freud continuó aportando conceptos importantes para la episteme psicoanalítica y para la teorización del duelo, cosa que se retoma en el capítulo siguiente (VI) al trabajar "Duelo y melancolía" (1915). Seguimos en este capítulo a Freud desde los conceptos con los que él contaba en esa época, plasmados en "Introducción al narcisismo" (1914): sus nociones de autoerotismo, amor objetal, narcisismo primario y narcisismo secundario, identificaciones, nuevo acto psíquico (la conformación del yo) y la valiosísima idea de conciencia moral, que le abrió las puertas al camino por el cual, con "Más allá del Principio del Placer"(1920) llegaría al superyó. En 1915 la teoría freudiana hace un verdadero avance epistemológico. "Introducción al narcisismo" será la primera puntada de sus trabajos sobre metapsicología: "Pulsiones y destinos de pulsión", "La represión", "Lo inconsciente", "Complemento metapsicológico a la doctrina de los sueños", todos del mismo año, 1915. Uniendo estos cristales leemos "Duelo y melancolía" (también de 1915). Más allá del avance teórico que nos propone Freud en ese momento y que Lacan retoma cuando habla del registro imaginario, son las nociones utilizadas en este texto anudadas a la culpa (en sus versiones simbólica, imaginaria o real) y al sacrificio (también en sus diferentes giros) lo que nos permitirá pensar la función subjetivante del duelo o el duelo desubjetivizado. O, como lo llama N. Abraham, duelo encriptado, ese que queda ajeno y coacciona a la repetición, a la pesadilla, a lo que vuelve siempre al mismo lugar, a las impulsiones; eso que repite y repite lo traumático y que precipita en la muerte física o psíquica al sujeto. Se puede pensar desde estos argumentos que hay duelos desubjetivados en los que "la sombra del objeto aplasta al yo"[2], *la culpa aplasta al sujeto* (aunque el duelo queda ajeno, sin posibilidad de ser reconocido) y otros en los que la culpa tiene por las vías del duelo la posibilidad de anudarse a la demanda, aunque *angoste al yo*[3]. Se habla de la inhibición en el duelo.

El trazado continúa en el capítulo siguiente con las versiones del duelo y de la culpa en Lacan, articulado a lo planteado antes por Freud. En todos estos capítulos el trabajo clínico va dando pinceladas

---

[2] La cita es: "La sombra del objeto cayó sobre el yo". Freud, "Duelo y Melancolía" Tomo XIV, Amorrortu. Bs. As. 1998, 246.

[3] Freud plantea que en el duelo hay un angostamiento del yo, "Duelo y Melancolía", 242.

que pretenden llevar a la práctica psicoanalítica aquello que se desarrolla en la teoría. Las viñetas clínicas procuran dar cuenta de ello.

Y no podíamos dejar de transitar la mitología y la historiografía de la muerte. Tratamos allí de pensar lo público, lo privado y lo íntimo como parte del trenzado que anuda culpa y duelo desde la antigüedad hasta nuestros días, los diversos modos en que el duelo es, o fue subjetivizado. El resto es Hamlet, por supuesto.

CAPÍTULO I

La subjetivación del duelo en Freud y en Lacan

El duelo es un gran enigma, uno de aquellos fenómenos que uno no explica en sí mismos, pero a los cuales reconduce otras cosas oscuras.

Freud. "La transitoriedad", 310.

1.1.— Consideraciones generales

El enigma de la muerte es, tal vez, el más antiguo de la humanidad. No sería una novedad decir que sobre él se tejieron los mitos, las religiones y la creencia en el más allá. Posiblemente sobre él se bordaron, como tapices, todos los discursos: artísticos, legales, políticos y, por supuesto, subjetivos. La ciencia misma surgió como un intento de responderle. Y sin embargo, hablar de la muerte —o mejor, de la respuesta que se intenta a su irrupción, eso que se llama duelo— confronta a los sujetos con que los significantes no son suficientes. Lo que allí sucede (¿trabajo? ¿tramitación? ¿elaboración? ¿función? ¿operación? ¿subjetivación?) aún hoy enfrenta a los psicoanalistas con una polisemia de voces y *disputatios*.

Para abordar el tema y sus controversias es preciso bucear en textos que nos permitan interrogar a distintos autores y confrontar lo que investigaron. Y entonces surge la primera sorpresa: muchos posfreudianos o aun poslacanianos recitan "Duelo y melancolía" y otros discuten con Freud como si su único aporte hubiera sido este escrito. Hay quienes, sin embargo, hacen verdaderas contribuciones.

Es que seguramente para trabajar el duelo sea preciso soportar ambigüedades, contradicciones, disputas y acuerdos. Desde estas opacidades se emprende la investigación de lo que atraviesa la vida y el análisis de cada sujeto infinitas veces, así como lecturas, aportes, libros, textos, Seminarios, reflexiones públicas y privadas de psicoanalistas, filósofos y pensadores. Porque la cuestión del duelo traspasa la vida personal, profesional y ciudadana de muchos, sobre todo en un país en el que han desaparecido treinta mil contemporáneos. Imposible soslayarlo, como fue imposible para Freud sustraerse de dos guerras mundiales que devastaban la vida de los pueblos y la suya propia.

No solo en los análisis personales; también en los consultorios (¡cómo iba a ser de otra manera!) los muertos, los desaparecidos, los espectros, los fracasos, las enfermedades, y los múltiples rostros del duelo y de la culpa deambulan de infinitas maneras en palabras, padecimientos, enfermedades, impulsiones, actuaciones. Todos son modos en los que los extintos continúan habitando, "parasitando" a cada supérstite.

Varias preguntas guían a modo de bitácora la investigación: ¿qué es el duelo? ¿El duelo es un trabajo? ¿Hay duelo normal y duelo anormal? ¿No sería mejor pensar en una operación inexacta, desde la lógica matemática, cuyo resultado conlleva siempre un resto?

La hipótesis de este trabajo es que los significantes subjetivación—desubjetivación son el modo más propicio de pensar el duelo, ya que su significación es más móvil, más amplia que la de los opuestos normalidad—anormalidad. ¡Es tan difícil encontrar un duelo "normal"! Invariablemente consultan sujetos modificados para siempre por una muerte que a veces pueden registrar, aunque deje un resto de padecimiento con el que se tropieza. En otros pacientes la pérdida no es reconocida sino más bien ajena y lo propio es el padecimiento, las enfermedades, la locura, pero no el muerto. Lo cierto es que el encuentro con la muerte es una constante en la clínica psicoanalítica. Es frecuente recibir en los consultorios personas invadidas por fenómenos que dificultan los diagnósticos diferenciales neurosis—psicosis: graves inhibiciones, pérdida de capacidad de amar, anorexias, adicciones, actuaciones suicidas y/u homicidas. Y a veces entorpecen el camino del tratamiento porque es difícil diferenciar si se trata de un "fuera de la estructura" —por la forclusión del significante fundamental del Nombre del Padre—, o un "fuera de la estructura" por un duelo impedido. Ideas delirantes, alucinaciones, sometimientos y sacrificios extremos, violencia contra sí mismo o contra otros, escuchados tanto en la clínica propia como en las supervisiones, conducen a las preguntas sobre la causalidad de estos fenómenos, su diagnóstico, su posible cura y su probable relación con el duelo subjetivado o desubjetivado en las neurosis.

Se habla frecuentemente de trabajo de duelo siguiendo los lineamientos freudianos; de tramitación, de estado o de proceso, continuando con lecturas posfreudianas (Melanie Klein, Abraham, por ejemplo) o incluso lacanianas. Son las conceptualizaciones de Lacan sobre el sujeto del inconsciente y lo traumático las que nos orientan a recorrer otros caminos.

Otra ventaja de usar la noción de subjetivación es que amplía el horizonte teórico más allá de la palabra "trabajo" (que en Freud refiere a trabajo del inconsciente), pues toma en sus redes también lo que circula allende esa lógica: articula discursos sociales, políticos, religiosos que refieren en cada tiempo a la muerte de las personas queridas —lo público—, pero también a los modos, las costumbres, los estilos de duelo en la vida privada de cada época —lo privado— y a su inscripción inconsciente –lo íntimo—. Permite asimismo pensar los procesos de desubjetivación en el duelo como los que parece producir, por ejemplo, la vida contemporánea: una suerte de banalización que deja al sujeto escaso de recursos simbólico—imaginarios para enmascarar lo real del trauma que produce la muerte de alguien significativo. Esta precariedad de recursos –que fue instalándose luego de las guerras mundiales y del triunfo de la pareja discursiva ciencia—capitalismo neoliberal— modificó no solo el mapa del mundo geográfico sino también el del mundo subjetivo y colectivo; se producen cada vez más sujetos sin recursos del lenguaje para recomponer su vida, el lazo social y la transmisión simbólica hacia las generaciones venideras. Las muertes no están siempre acompañadas desde los mitos y los ritos que antes proponía el Otro Simbólico y muchas veces se deja a los deudos solos con sus difuntos. El pasaje al acto suicida u homicida, el silencioso duelo impedido en deudos y sus caídas, las adicciones, las locuras, etc. surgen en el lugar de la respuesta que podría ser la función del duelo. Sin embargo, la subjetividad en ocasiones resiste y propone nuevos rituales. La tecnología –más allá de sus abusos, que mecanizan— es a veces el soporte de las palabras y del lazo social, y abre un espacio para la función del duelo.

Hay, entonces, quienes buscan, en momentos de máxima fragilidad, poner a funcionar el Otro Social. Un ejemplo tal vez paradigmático– por lo perverso de la época, por tratarse de asesinatos y de muertes sin entierros— fue el de las Madres de Plaza de Mayo en Argentina. Los actos de estas mujeres produjeron subjetividades y admitieron un duelo donde parecía imposible: sin tumbas, sin muertos, sin cuerpos, hubo una articulación –producida desde las "madres" mismas— entre lo público, lo privado y lo íntimo, que fue permitiendo alguna recomposición subjetiva y social. Todo esto, desde el más absoluto abandono y desde el vacío del Otro político, jurídico y social, autor responsable, además, de la desaparición de sus hijos. Recién en los últimos años ese Otro acompañó a las "madres" en ese proceso.

Este camino nos conduce a pensar también que desde hace ya mucho tiempo analistas y juristas investigan juntos la relación entre Derecho y Psicoanálisis, trabajando discursos que toman en sus redes diversos pasajes al acto (crímenes de todo tipo) que rompen el entramado de las vidas subjetivas y del lazo social. Se constataron procesos de desubjetivación en el pasaje al acto homicida y, en algunos casos, la posible significación del crimen (que el hecho pueda entrar en la trama discursiva y ser re—conocido, re—apropiado, re—mordido por su autor) luego de la intervención del aparato judicial.

También se comprueban los efectos de recomposición del tejido social que produce la intervención del aparato judicial allí donde el homicidio no queda impune, así como se constata la posibilidad o la imposibilidad de la función subjetivante del duelo en los familiares de las víctimas y hasta, en algunos casos, en el autor del crimen.

1.2.— *Cuestiones para pensar el duelo: Freud y Lacan*

Se debe entonces tomar una brújula y navegar siguiendo un rumbo. Freud y Lacan dejaron una estela por donde es posible continuar y que incluso permite abrir otros caminos.

Se dice que Freud descuidó la función pública del duelo. ¿Es posible pensar eso luego de leer, por ejemplo, "La Transitoriedad" o "De guerra y muerte. Temas de actualidad" escritas una en los albores y otra en la trinchera misma de una de las guerras más devastadoras de la humanidad? ¿Y *Tótem y Tabú*, donde marca el uso de los rituales en los hombres "primitivos", a diferencia del salvajismo de la muerte actual? ¿Cómo pensarlo luego de la lectura del famoso clamor de Einstein a Freud y de la respuesta desconsolada del maestro al genio? (1933: "¿Por qué la guerra?") ¿O luego de leer la Advertencia Preliminar de *Moisés y la religión monoteísta* (1938) o de transitar, simplemente, por las páginas de esa obra? La escritura de Freud está atravesada por la intersección de lo público y lo político en las tramitaciones del duelo. También está planteado el tema en "Más allá del Principio de Placer" como marca de la cultura en la subjetividad, lo que sería un resto incurable en cada sujeto, no regido por las leyes del Principio del Placer, es decir, por las leyes del inconsciente.

Es cierto que Freud no habla de sujeto del inconsciente pues no contaba con ese concepto. Sin embargo, desde sus *topos* teóricos permite pensar la fecundidad del duelo y su incurabilidad. Recurrir solo a "Duelo y melancolía" es tan pobre *como un flirt americano*, para citar al maestro. Hoy diríamos es tan pobre como una seducción por *wathsapp*. Aun así, en "Duelo y melancolía" no solo diferencia *duelo* (para la neurosis) de *melancolía* (para la psicosis) sino que menciona que puede haber duelo normal, duelo patológico, duelo obsesivo y duelo pesaroso. ¡No hay clasificación binaria del duelo en Freud!

También es verdad que Lacan no dedicó trabajo alguno estrictamente al duelo. Ningún Seminario o escrito lleva como nombre *Duelo y...* Pero dedicó siete clases del *Seminario 6* —*El deseo y su interpretación*— (1959) al duelo en Hamlet y otras tantas en el *10 —La Angustia—* (1962—63), además de los aportes que podemos tomar de todos sus Seminarios y sus escritos.

Se ve, entonces, la dificultad para pensar la clínica del duelo en la simple división de duelo normal y duelo patológico, pero tal vez sea viable hacer otro camino vinculando el duelo en general con el padecimiento, sin ponerle a eso el rótulo de normal o anormal. En ambos circula el inevitable *pathos* (las palabras padecimiento, pasividad, pasión, patológico, derivan del vocablo griego *pathos*. Lacan lo utiliza como contracara del *logos*, la palabra). ¿Habría algún duelo sin *pathos*? ¿Cómo no pensar los padecimientos, los sometimientos y las pasiones como restos —en el sentido matemático del término— de la operación del duelo?

Lacan propone la ausencia de una normalidad a la que se ajuste el sujeto; justamente, el *pathos* está allí, en la imposibilidad de acomodación a cualquier norma. "Lacan diseñó un camino que respetase el carácter radicalmente no asimilable de lo real por el significante (...) un real que no se deja absorber" (Flichman y Hartmann, 1995, 23). Las paradojas de la subjetividad son inevitables. Entonces, es posible proponer la subjetivación como el reencadenamiento al significante luego de la irrupción traumática de la muerte. Es cierto: no todo puede entrar en las redes del significante, quedará un resto que no se dejará absorber por la lengua. Pero un resto no es todo y la posibilidad de subjetivar es fecunda, ya que pacifica y reenvía al trabajo del inconsciente.

Freud y Lacan afirman que la muerte confronta al deudo con un agujero que puede perder su borde, su circunferencia, sus barreras protectoras y "chupar", cual agujero negro, al deudo. De las posibles maneras de contornear tan inevitable fractura y su concomitante angustia devendrá lo que proponemos como función del duelo.

Basándose en ese encuentro con la angustia, Lacan plantea el *acting out* como una de las respuestas más frecuentes a las pérdidas y también la necesidad de los rituales –lo que se propone como lo público— y del tiempo del duelo –que trabajamos en lo privado—. La angustia deberá transmudar en dolor y eso hará posible algún camino para el duelo. Transformando la angustia en dolor (que ya es un borde), el duelo permitirá al sujeto encontrar una significación sobre su lugar en la relación con el objeto perdido, anudando lo público, lo privado y lo íntimo.

1.3.— Sujeto y duelo en psicoanálisis

Se dijo ya que Freud no habla del sujeto; más bien, descubre el deseo inconsciente para plantear los escarpados caminos del ser humano y sus opacidades. Hablará primero de lo regulado por el principio del placer y, en su segunda tópica, del resto desregulante, no regido por el principio del placer, donde ubica al superyó como heredero del ello.

Lacan, en cambio, sí formula el sujeto del inconsciente, y lo formula como dividido por el lenguaje, también llamado Otro. En el momento y en el acto en que este humaniza la biología (es decir, cuando los deseos y las palabras "esculpen" la carne del cachorro humano), queda un resto que se llamará en Freud pulsión –ligada al ello— y en Lacan, desde el *Seminario 10, La Angustia*, objeto *a*. Ese resto, lo real, tejido en la malla de las palabras, enmarcado en el fantasma, opera como objeto causa en el lazo social mismo, pero queda al desnudo, vacío de las mallas simbólicas, ante lo traumático de la muerte de un ser querido. Esta opacidad del sujeto y del Otro, esta no complementariedad, hace que, ante el encuentro con lo real de la muerte, el sujeto pueda perderse si no cuenta con un nuevo amarre a la cadena discursiva. Pero también permite la función subjetivante en el duelo: que el sujeto que sea atravesado por él, confrontado con el requerimiento pulsional (Freud) al que lo enfrenta la muerte de un ser querido, puesto a prueba con la insuficiencia estructural de elementos significantes para hacer frente al agujero creado en la existencia (Lacan), pueda por las vías de la subjetivación recubrir el agujero en lo real (lo traumático, la coacción a la repetición y la tentación a la satisfacción pulsional, a caer con el objeto) con la falta simbólica y reencadenarse a la cadena significante, o sea, a su condición humana.

1.4.— El duelo en un niño:

Siempre es útil recurrir a la clínica para dar cuenta de las dificultades que suscita el duelo; en este caso se trata de los posibles recursos e *impases* de un niño ante la muerte de su madre.

Tommy tiene 9 años al momento de la consulta y su mamá se había suicidado casi un año antes, luego de una dolorosa convivencia con el padre del niño y de la separación matrimonial. Se lo llama ficcionalmente Tommy pues es el nombre de un personaje de la TV, un *Power Ranger*, que para el niño es un "humano que toma el poder de un jefe que está en 'otra dimensión' y que le permite transformarse, junto a sus amigos, en animales—robots gigantes, como *Dragozords*, con tanto poder que se hacen invencibles bajo sus armaduras y cascos construidos con aleaciones indestructibles". Con este juego, desde sus fantasías, Tommy construye una coraza de héroe que le permitirá sostener, en un recurso fálico, su duelo durante el análisis.

Sus padres se habían separado dos años antes de la consulta, es decir, un año antes del suicidio materno. La mujer y sus hijos, que hasta entonces vivían en otra ciudad, se trasladan a Tucumán, lugar de origen de la familia materna. Un año después de la separación, y luego de una profunda melancolización, la madre de

Tommy se suicida. Él tenía entonces 8 años. Los tres hermanos (de 12, 8 y 7 años) no son reclamados por el padre, quien luego del velatorio y del entierro regresa a su lugar de residencia sin ellos. Desde entonces viven con la familia materna. Estos familiares son los que consultan: creen que Tommy sabe la verdad acerca del suicidio de su madre, a pesar de que se le dijo que ella sufrió un accidente. El niño confirma la sospecha: "Me dijo mi amiga que mi mamá se mató, que se tiró de un edificio; pero eso no es cierto, no puede ser, porque ella era muy feliz, estaba enamorada". Los abuelos están preocupados por las "explosiones" de Tommy, que se pone "como loco", "como ciego": se encoleriza, pelea con sus hermanos y con sus compañeros; sube al techo de la escuela, con el riesgo de caer. Él luego hablaría del vértigo y de su angustia.

Se mostrará el caso en cuatro tiempos:

1° tiempo: Momento de la angustia.

Con la separación, Tommy no solo pierde a su papá sino también la ciudad donde había nacido y había crecido, la casa, los amigos, los juguetes, entre otras cosas. Poco tiempo después, perdería también a su madre. Los abuelos, alarmados por la violencia de Tommy y por sus continuas actuaciones riesgosas, hacen la consulta. Durante las primeras entrevistas Tommy prefiere hablar. Habla como adulto, de cosas de adultos. De su padre, dice: "Lo odio, lo odio, lo odio, lo odio", "yo lo reventaría a ése", ó "voy a tomar venganza por mi madre". Lo acusa de haber maltratado a su mamá y de haberlos abandonado a ellos. De forma no explícita, lo acusa también de la muerte de la madre, y revela su sospecha de que su padre es responsable de la tristeza y del posterior suicidio de ella.

Lacan, en el *Seminario 6, El deseo y su interpretación*, ubica la muerte de un ser querido en el orden de la *privación*. La pérdida de aquel cuya falta fuimos produce un agujero en lo real; rompe la cadena significante, la cobertura, el disfraz con el que causó el deseo del Otro. La escena fantasmática "se va de gira", se quiebra. Y el "yo era su falta" o "yo era su causa" cae. ¿Con qué se encuentra un niño cuando a esta suposición se le contesta "eres totalmente prescindible", "no me importas", "tu causa es una causa perdida"? ¿No es como "matar con la indiferencia"? "Amar u odiar son preferibles a la indiferencia" (Rabinovich, D. 1993, 55). Durante el análisis, Tommy muestra su desconsuelo. Dice: "ella era feliz; estaba bien, estaba enamorada. Yo estaba siempre con ella. Le hacía las compras, le llevaba los bolsos, ponía las papas a hervir, ella no estaba sola".

Su madre le mostró a Tommy brutalmente que ella no hacía con él diferencia alguna. Es in—diferente. Ni él ni nadie podían evitar su acto de morir por voluntad propia. Aquí, el trauma, como encuentro con lo real, borra la alteridad fantasmática y Tommy casi no encuentra marco en que sostenerse; esto lo lleva a "estar como loco", "estar como ciego". Su madre muerta ha devenido *todo poder* y tienta a Tommy a caer de los techos de la escuela, a donde se sube en sus frecuentes actuaciones riesgosas. El niño está acorralado, merced a la angustia. Dirá Marta Gerez - Ambertín:

> ¿Por qué pone en peligro esa pérdida de objeto? Porque el objeto como perdido, el que se puede perder, esto es, el objeto libidinal, investido libidinalmente es una garantía de protección en tanto enmascara y perimetra a *das—Ding* y hace sustitución de investiduras por el camino de facilitación, del objeto mismo que resta de lo simbólico, la Cosa, "el inmutable". Para decirlo freudianamente: *'El ataque de vértigo, el espasmo de llanto, todo ello cuenta con el Otro, pero la más de las veces con aquel Otro prehistórico inolvidable, al que ninguno podrá igualar ya'* (Gerez - Ambertín, 2014, 60).

La función subjetivante del duelo consistirá en reconstruir alguna cobertura, algún disfraz, alguna alteridad entre el sujeto y el objeto del fantasma, algo que reubique la falta, que circunscriba el objeto *a* y pacifique al niño.

2° tiempo: Momento del despliegue de relatos fantásticos. En las sesiones, sus relatos paranoicos van perimetrando la angustia; hablan de su desconfianza en el Otro, pero admiten la instauración de la transferencia.

Durante las entrevistas se le posibilita a Tommy desplegar sus relatos, que son recibidos *como si* fueran verdaderos. Se le promete que no serán desestimados y que, por supuesto, serán absolutamente secretos. Con el armado de escenas donde el mundo se desmorona por la corrupción, la violencia y las amenazas, él intenta "dar cuerpo", "darse cuerpo" a nivel imaginario, una reconstrucción del yo que le permita construir una barrera a la angustia. En lo privado, relanza la pérdida a lo íntimo, a las fantasías. Despliega, en lo privado de las sesiones, el horror que había quedado éxtimo —ni dentro ni fuera— pero sin velos: sus actuaciones violentas contra otros, o saltos al vacío o arrojarse bajo los autos, fueron montándose en escenarios de ficción que se relataron como verdades.

En estas entrevistas dibuja planos de lugares que fueron "invadidos y dañados por los enemigos"; "cómo cavaron un canal en la cancha de fútbol y, cuando la pelota cae allí, los chicos no quieren correr riesgos, es difícil sacarla, nos podemos resbalar y caer, aunque capaz que la pelota quedó entre las rejas del canal y no se perdió". En textos como estos va desplegando su temor a "resbalar y caer", pero también están las rejas que pueden "retener a la pelota", lo que va dando cuenta de alguna "reja" transferencial que comienza a instalarse. Sus relatos se deslizan hacia las injusticias, y las ubica en la escuela, en el fútbol, en la Policía y en "los políticos corruptos que se quedan con el dinero de los jubilados"; y también en sus fantasías, donde es capaz de "agarrar cualquier cosa y partirles la cabeza" o "invadir con sus amigos (todos vestidos con armaduras de titanio) la Casa de Gobierno y darles la plata a los jubilados" o "detectar bandas de policías corruptos que trafican drogas" o "los enemigos (que) hacen negociaciones, toman venganza" Y siempre es el "héroe" que llevará a cabo una hazaña para defenderse. Estas ideas separan a Tommy de la gravedad de las actuaciones; bordean la angustia y la sitian; y con la amenaza persecutoria responde —en lo privado y en lo íntimo— al descreimiento en el Otro.

Podría decirse que, dado el desamparo en el que es arrojado luego del suicidio de su madre y del abandono de su padre (causantes de la angustia y de la ruptura del marco fantasmático que sostendría alguna ficción anudada a la ley), en Tommy aparece este episodio paranoico ubicable en la retaliación. Freud, en *Tótem y tabú*, se refiere al "delirio de persecución" (68): "Aquí es exaltada de manera extraordinaria la significación de una persona determinada, se exagera hasta lo inverosímil la perfección de su poder y ello con el objeto de imputarle tanto más responsabilidad de cuanta contrariedad sufra el enfermo" (68). "Cuando el paranoico señala a una persona de su círculo de relaciones como su perseguidor, con ello la eleva a la serie paterna, la pone en condiciones que le permiten hacerla responsable, en su sentir, de toda su desdicha" (68).

En el análisis se reciben estas historias de Tommy como verdaderos "tesoros secretos". Le aseguramos una escucha respetuosa (diferenciándonos en este momento de su familia, que lo desestima), posibilitándole el despliegue de un saber que opera ya "sombreando" y "disfrazando", en el "como si", la angustia. Y solo se le advierte que, así como hay gobernantes y policías corruptos, también hay jueces que, como sus abuelos, no lo son; y que es bueno poder confiar en ellos. Parecía oportuno que lo público —desde la Justicia— le legitimara un lugar en el cual poder representarse: quedaba inscripta legalmente la responsabilidad de los abuelos sobre el niño. Ya no estaba tan desamparado.

3º Tiempo: Intervención del aparato judicial —lo público—

Se sugiere a los abuelos gestionar la "tenencia legal" de los niños. Esto resolvería cuestiones formales como obra social, pago de salario familiar, etc., pero sobre todo, les daría un marco simbólico que le permitiría a Tommy pacificarse. A partir de este trámite, la familia consigue una orden del juez para reclamar las pertenencias de los niños que quedaban aún en otra provincia. Así, Tommy recupera sus juguetes, sus libros, su bicicleta, y sobre todo, la confianza en el Otro simbólico.

Las "verjas" del Otro Social y Jurídico sostienen y ordenan su vida de niño. Esto le permitirá recostarse más confiadamente en el lecho del inconsciente, lo que abre otras puertas, otras vías, otros saberes.

4° Tiempo: Pacificación y construcción de una fobia que posibilita continuar su duelo.

Desde este momento Tommy puede traer recuerdos de su primera infancia; sus relatos fantásticos disminuyen, me pide jugar, como un niño, con juguetes o juegos con reglas que determinamos previamente. Aquí los *Power*, la *malvada Rita*, se despliegan en el juego. Alejados están de los relatos de sus proezas y más aún de los *acting—out* del primer tiempo. Entonces puede hablar de su fobia: "El fantasma de Atahualpa Yupanqui, en la escuela, asusta a los chicos (va a una escuela que lleva el nombre del músico y poeta). O los empuja y caen de los techos". Esto comienza cuando en algún momento va con sus compañeros a un museo donde se exhiben pertenencias del autor y él supone que allí están sus restos mortales. El niño se asusta, se esconde atrás de una columna y siente que algo pasa, "como un viento", "algo misterioso"; sospecha que es el fantasma de Atahualpa Yupanqui. Cree que el alma del poeta ronda por la escuela, sobre todo por los techos. Dice: "Antes los chicos se portaban mejor y el fantasma era buenito. Ahora se portan mal, hay cosas misteriosas, un chico se cayó del primer piso, sintió que algo lo empujaba y no vio nada. El año que viene yo voy a estar en el piso de arriba", dice. Y agrega, a modo de jaculatoria: "Que por favor descanse en paz y haga que los chicos sean buenos y que los asuste de una vez, así se portan bien". La fobia habla de su culpa y va construyendo la posibilidad de dar alguna respuesta a esa culpa. Su madre se llamaba Adriana, y el apellido comenzaba con Y.

Claro valor significante del objeto fobígeno: el fantasma de Atahualpa Yupanqui (Adriana Y), como metáfora fallida o significante comodín, se ubica, como el naipe, en el lugar necesario; da cobertura fálica y, cual bisagra, posibilita "la verja", "el misterio", "los barrotes", aunque también puede empujar a los chicos cuando se portan mal.

Tommy también habla de su "miedo al vértigo": "Me invitó mi amigo a la montaña, y no fui; por el miedo a las alturas; no voy a ir".

Hacia sus últimas sesiones, dice: "Ya encontré la fórmula para no tener miedo al fantasma de la 'otra dimensión'. No tenés que mirar para atrás. No tenés nunca que mirar para atrás, porque te puede convertir y te podés morir". La construcción de esta fobia circunscribe la angustia que causaba el desamparo de haber perdido a su mamá, a su papá y su ciudad natal, y habla de que la función de lo público y de lo privado reinstalaron lo íntimo, pacificando al niño.

Freud dice en *Tótem y tabú* que las fobias de los niños se sustentan en las prohibiciones y en la tentación a traspasar la prohibición. Cual bisagra, la fobia sostiene el pasaje de la angustia al deseo anudado a la ley, posibilitando las sustituciones.

Al comienzo del tratamiento Tommy no encontraba respuesta a su pregunta "¿puedes perderme?", dirigida a sus padres, porque la respuesta era del orden de la certeza: ¡Sí! Puedo abandonarte brutalmente. Hacia el final, mediando la colaboración de la Justicia y de sus abuelos, se reinstala alguna creencia, soporte de la transferencia. Esto abre las puertas a la reescritura de su novela familiar. Al finalizar su análisis, y a modo de despedida, dice: "Antes yo sentía una cosa rara… Era como mi mamá. Vomitaba cuando iba al cementerio. Ahora ya no. Ya no soy igualito a mi mamá".

CAPÍTULO II

Lo público, lo privado, lo íntimo en el duelo

No *manifestar* el duelo (o al menos ser indiferente a eso), sino imponer el derecho *público* a la relación afectuosa que él implica.

Barthes, 2009, 66.

2.1.— Lenguaje, inconsciente y sociedad en el duelo

No es posible pensar el duelo sin la referencia al lenguaje, al sujeto del inconsciente y a lo social, pues el sujeto no es autónomo ni autorreferencial, sino que se encuentra sujetado a un mundo simbólico que lo preexiste y lo produce. El mundo del lenguaje, del sujeto y de la sociedad es un "mundo genealógicamente cimentado" (Legendre, 2008, 26) como un montaje legal que organiza la reproducción humana (prohíbe el incesto) y el lazo social (prohíbe el homicidio).

Ante la catástrofe que es la muerte de un ser querido, el Otro Social ofrece, desde tiempos inmemoriales, ritos y mitos —ficciones simbólicas— que transportan entre sus textos saberes sobre lo permitido y lo prohibido. El Otro viene a "sujetar" la subjetividad allí donde ella se fragiliza, se disuelve. Por eso afirma Lacan que los ritos son "la intervención total, masiva, desde el infierno hasta el cielo, de todo el juego simbólico" (Lacan, *Seminario 6*, Clase 22—04—59. Inédito).

Dice también que cada muerte convoca a

> la totalidad del significante, el trabajo se efectúa a nivel del Logos —digo esto por no decir del grupo, de la comunidad; es evidente que son el grupo y la comunidad en tanto que culturalmente organizados quienes son los soportes—
>
> el trabajo del duelo se presenta primero como una satisfacción dada en los elementos significantes para hacer frente al agujero creado en la existencia, por la puesta en juego total de todo el sistema significante alrededor del mínimo duelo. (Lacan, 1959)

Lacan afirma que ante el agujero creado en la existencia por la pérdida de un ser querido (lo traumático), el trabajo de duelo se presenta *primero* como satisfacción a los elementos significantes; propone algo que es muy importante considerar: que la esfera de lo público debe ponerse a funcionar PRIMERO para restituir la subjetividad en extremo frágil en cada duelo.

En función de esta propuesta de Lacan es preciso pensar que, para producir la recomposición subjetiva imprescindible para el duelo, es necesaria la articulación de lo que Hannah Arendt llamó esferas pública, privada e íntima. Arendt acuña estos conceptos en el capítulo II de su libro *La condición humana* (1993) y analiza estas nociones en la historia, desde la antigua Grecia.

Arendt no trabaja con el concepto de inconsciente –no es psicoanalista, sino una pensadora de la filosofía política—, pero formula también una idea para hablar de lo humano, piensa una división entre las esferas *pública*, *privada* e *íntima*. En la pública, el *homo* se organiza políticamente y en la privada se asocia en torno del hogar, de la familia. Ubica el surgimiento de lo público en la Grecia antigua, y el de lo íntimo con el cristianismo:

> Su emergencia surge de la oposición que levanta lo privado ante la invasión de la esfera social, con

independencia de que su contenido guarde una estrecha vinculación con ella. Lo íntimo surge como una resistencia ante la amenaza de reiteración infinita del comportamiento (...). Ocurre que la intimidad del corazón, a desemejanza del hogar privado, no tiene lugar tangible en el mundo ni en la sociedad contra la que protesta y hace valer sus derechos" (Arendt, 2004, 50).

La primacía de lo privado y su expansión, en cambio, son ubicadas, de la mano del paradigma de la burguesía —productividad y propiedad privada—, más cerca de la Modernidad.

En esta línea, la psicoanalista Élizabeth Roudinesco afirma que el Código Penal francés (1810), surgido de la Revolución y del Imperio, cambia la legislación sobre las costumbres— y luego sirve de referencia a los países de Europa—, e inspirado en la Ilustración hace desaparecer algunos fenómenos considerados hasta entonces crímenes, como la herejía o los de majestad divina, o el sortilegio y la magia. Dice:

> Todas las prácticas sexuales son laicizadas y ninguna puede ser ya objeto de delito o de crimen, desde el momento en que son privatizadas y consentidas por parejas adultas. La ley sólo interviene para proteger a los menores, castigar el escándalo –es decir, los 'ultrajes' cometidos en la vía pública— y sancionar los abusos y las violencias perpetrados en personas no consintientes (Roudinesco, 2009, 86).

La vida privada se consolida en la Modernidad; sale de la égida cristiana y monárquica. El surgimiento de la burguesía y el valor de la vida laica delimitan con nitidez un espacio arrancado al poder del cristianismo.

La articulación de estas tres esferas produce lo que Arendt llama la condición humana y a partir de esa articulación, supone que el humano puede sostener las diferencias, la espontaneidad, la impredecibilidad. El psicoanálisis, a su vez, habla de la opacidad del sujeto, de la división subjetiva, de la indeterminación del inconsciente. El sujeto del psicoanálisis navega en las aguas de la lengua con todo lo que ella tiene de inaprensible, de interpretación, de diverso.

En la concepción de Arendt, lo público —se adelantó— coincide en la Grecia antigua con lo político. Entonces no todos participaban de la política: los esclavos y las mujeres estaban excluidos. Acto político era aquel que se llevaba a la acción cuando un ciudadano griego tomaba la palabra pública. Muy separado estaba en Grecia lo público de lo privado, que era, justamente, "ser o estar privado de lo político". Lo político en Grecia surgía de la necesidad de llevar la violencia a los bordes de la sociedad. Desde allí, entonces, se concibe lo público como todo lo que puede ser visto y oído por todo el mundo, y tiene la más amplia publicidad posible. Hay hechos públicos y hechos privados; propiedades públicas y propiedades privadas; cosas públicas y cosas privadas. Lo privado está cobijado en alguna oscuridad, en algún crepúsculo que lo encubre. Hay cosas apropiadas que deben verse y oírse, y cosas inapropiadas que se convierten automáticamente en cosas privadas. La esfera pública (sede de las leyes de la palabra, de las leyes de la Justicia y de la polis) junta, liga y a la vez impide que caigan unos sobre otros. Dicen qué hacer y qué no en las vidas privadas. La vida privada se asocia al hogar, a la familia.

Para Arendt lo privado surge con la burguesía: nace del trabajo, la producción, la propiedad privada; luego se deslizará a los estilos de las vidas, y así, incluye costumbres, prácticas de las religiones, rituales, herencias de bienes tangibles o simbólicos. Por último, lo íntimo es lo más interior, los escondidos secretos. El lazo del hombre —de acatamiento o resistencia— con su dios o con la ley. Arendt piensa lo íntimo como sede de lo moral y de lo ético, la morada de la ley en la subjetividad. Esta categoría que organiza la condición humana es para ella una posición ética, una apuesta a sostener o no dicha condición. Describe estas tres esferas, pero se sorprende de la fragilidad de su articulación, lo que equivale a decir, de la inconsistencia de la condición humana. Por esto fue posible para los regímenes totalitarios despojar—burocrática, tecnificadamente—las vidas públicas, privadas e íntimas de millones de seres humanos. Apuntaron contra lo público con la suspensión absoluta de toda ley: del derecho, de las religiones, de los ritos, de las costumbres y con ello, de toda transmisión cultural. Enajenaron todo lo que hacía a las vidas públicas y privadas: hogares, propiedades, trabajos, religiones, usanzas. Para el conjunto de seres humanos, en el caso de la Alemania nazi, la vida se fue haciendo superflua; se fue prescindiendo de los disfraces, las vestimentas y los hábitos con los que la vida humana toma distancia de la pura biología. Fue fácil, entonces, que lo íntimo dejara de sostenerse y que —en su mayoría— los cautivos en campos de concentración no ofrecieran resistencia al exterminio. Dice Ian Thomson, citando a Primo Levi: "Si querían sobrevivir, los *häftlinge* (cautivos) necesitaban algo de lo que agarrarse: una fe religiosa, una amistad o una mínima esperanza. 'Los que únicamente pensaban en el próximo plato de sopa morían a raudales'" (2007, 220). Lo íntimo (la fe, la esperanza) y lo privado (por ejemplo, una amistad) permitían la resistencia a la perversión de lo público. Los que se sometían a ser tratados como cosa, como desecho, "morían a raudales". La mayor parte de las veces se produjeron tales estados de desubjetivación que solo podían concluir en la muerte sin resistencia de millones de seres humanos.

Arendt investigó agudamente la ideología totalitaria y las formas aberrantes de dominación política en la edad contemporánea. Esto puede leerse tanto en el reportaje que realizó durante el juicio a Eichmann como en el libro resultado de este, *Eichmann en Jerusalén* (1999) o en sus tres obras posteriores *Los orígenes del totalitarismo. Antisemitismo. Imperialismo. Totalitarismo*, (1981) y en múltiples ensayos. En sus estudios marca la extrema labilidad de la condición humana. De los nazis dice que, "buenos señores en sus casas" —vida privada—, eran una perfecta organización asesina en lo político.

Sostiene que la ideología totalitaria está basada en el principio de que "todo es posible". Y postula que la vida de los judíos en los campos de concentración pierde el valor de intercambio (propio de la condición humana) y transmuda en pura vida biológica. Los judíos, los gitanos, los homosexuales y los discapacitados eran considerados desechos. Suspendidas su vida pública y sus costumbres privadas, se los consideraba menos que animales: sin vida íntima. La vida biológica, llamada por G. Agambem *nuda vida* (2005, 16), es vida conservada solo como viviente en estos extremos grados de indefensión.

En estado de máxima exclusión, de máxima desubjetivación, como la de los judíos en los campos de concentración —advierte Arendt—, lo íntimo y lo privado que construyen algo de lo público pueden ser una resistencia, como el baluarte escondido que sigue sosteniendo la condición humana, manteniendo las creencias y, con ellas, los rituales, se encuentren estos referidos a la religión, a los hábitos, a las tradiciones, etc. Un pequeño ejemplo lo da el intento de algunos (pocos) judíos recluidos en campos de concentración que resistían conservando sus ritos –en lo muy privado o íntimo— y sus hábitos, como el uso de una cuchara para la sopa. O el diario cuya escritura le permitió a Ana Frank, encerrada en un desván, conservar no su vida biológica, pero sí su vida subjetiva, esa que hoy deja saber de su existencia y que se conserva como testimonio del horror. Muchas otras veces (tal vez, desgraciadamente, las más) la vida –en tanto humana— pierde valor. El sujeto queda arrasado y se entrega a la muerte.

Este fragmento de Primo Levi describe maravillosamente lo que se llama desubjetivación en los campos de concentración:

Si esto es un hombre
Los que vivís seguros
En vuestras casas caldeadas
Los que os encontráis, al volver por la tarde,
La comida caliente y los rostros amigos:

Considerad si es un hombre
Quien trabaja en el fango
Quien no conoce la paz
Quien lucha por la mitad de un panecillo
Quien muere por un sí o por un no.
Considerad si es una mujer
Quien no tiene cabellos ni nombre
Ni fuerzas para recordarlo
Vacía la mirada y frío el regazo
Como una rana invernal.
Pensad que esto ha sucedido:
Os encomiendo estas palabras.
Grabadlas en vuestros corazones
Al estar en casa, al ir por la calle,
Al acostaros, al levantaros;
Repetídselas a vuestros hijos.
O que vuestra casa se derrumbe,
La enfermedad os imposibilite,
Vuestros descendientes os vuelvan el rostro.

(Primo Levi, Si esto es un hombre, 1947, 11)

Levi muestra cómo los nazis lograban convertir lo humano en "rana invernal" o en un código clasificatorio (se les había tatuado a los reclusos un número en el brazo que reemplazaba toda nominación filiatoria) despojándolos de sus vida pública, privada e íntima. Él sobrevive, justamente, porque intenta conservarlas: *testimoniar* fue lo que dio dirección a su vida. Pensar en hacer pública la matanza de millones de judíos fue el artificio que lo sostuvo en lo privado y en lo íntimo.

2.2.— Público, privado e íntimo: una cobertura posible

Sobre la base de esta idea de Arendt, se trabajará el duelo. La palabra *público* —se dijo— significa "notorio, patente, manifiesto; de

El lenguaje expresa el contraste nítidamente percibido por el sentido común que opone lo privado a lo público, a lo abierto, a la comunidad popular y sometido a la autoridad de los magistrados. Hay un área particular, netamente delimitada, asignada a esa parte de la existencia que todos los idiomas denominan como *privada*, una zona de inmunidad ofrecida al repliegue, al retiro, donde uno puede abandonar las armas y las defensas de las que le conviene hallarse provisto cuando se aventura al espacio público, donde uno se distiende, donde uno se encuentra a gusto, 'en zapatillas', libre del caparazón con que nos mostramos y protegemos hacia el exterior (Ariés y Duby, 1990, 10).

Entonces, lo privado es todo lo familiar, lo propio, los escondidos tesoros, lo que pertenece a uno mismo y que se mantiene oculto tras el muro de lo familiar, del hogar, de lo doméstico, que alimenta las fantasías y que no cabe divulgar ni mostrar porque es algo personal, no pertenece en sí a la comunidad, aunque influya en la vida colectiva.

2.3.— Lo público en el duelo

Las leyes, la autoridad y el consenso social son lo público que demarca, prohíbe, legisla, delimita y circunscribe al sujeto en su devaneo infinito. Dice qué hacer en tales circunstancias; dónde se depositan los deshechos corporales; con quién está prohibido y con quién permitido el intercambio sexual; lo "mal visto y lo bien visto"; las reglas de convivencia, los buenos modales, los gestos —marcas imperceptibles de la escritura de lo público en lo privado— y qué hacer ante la catástrofe de la muerte. El Otro Social ha previsto, ante ella, la mediación de rituales; al decir de Lacan, la intervención de todo el juego simbólico en cada cultura. Se trata de teatralizaciones portadoras de escrituras, de mitos y tradiciones, de saberes que re— presentan, permiten alguna ficción, un "como si" a lo real de la muerte, que – se insiste— confronta al sujeto con la vacuidad del

Otro y deja al descubierto lo pulsional (dicho freudianamente) o el horror de lo real (dicho desde Lacan). Gracias a ellos el sujeto tiene un lugar y un momento para reconstituir el Otro y dirigir su pregunta: ¿por qué? ¿por qué a mí? Y con ella conserva su condición de sujeto sujetado a las leyes del lenguaje, de la cultura, de la polis.

Los rituales separan los vivos de los muertos, demarcan, escriben y dan al deudo alguna representación para la angustia; algún marco, algún lugar. Son lo que el Otro Social ofrece al doliente como un piso simbólico ante el desamparo, ante el temblor, ante la catástrofe. Es lo público como sistema significante lo que la cultura echa a andar para circunscribir el agujero, la oquedad, la vulnerabilidad en que la muerte deja al deudo: la inscripción del muerto en el Registro Civil, los lugares para velarlo, el lugar del entierro. El discurso jurídico, uno de los nombres de lo público, diferencia el asesinato de la muerte natural. Por ejemplo, el juicio de Nürenberg, luego del exterminio nazi, permitió de alguna forma nombrar el horror. En la Argentina, luego de 30 años de pujas por el poder, ha comenzado a ritualizarse mediante juicios el horror del genocidio cometido en este país durante el siglo XX.

2.4.— Lo privado en el duelo

A este ámbito pertenece todo lo que puede —y a veces debe— guardarse como un tesoro oculto, tras los muros de lo propio, del hogar o de lo doméstico. Es posible ubicar aquí lo considerado como el tiempo del duelo, con su tránsito necesario por la angustia; el tiempo que el/los deudo/s necesita/n para separar/se de su muerto, para no caer con él. El Otro social, jurídico y político dictaminó la muerte, pero la separación es muy dura. El supérstite precisa un tiempo para estar con su muerto. Además, tras el muro de la vida privada el sujeto conserva aún los objetos del difunto; despojarse de ellos es casi siempre difícil. Y así como no se juzga el duelo como enfermedad, por lo general no es mal visto que el deudo atesore –en lo privado— lo que fue del fallecido. Hay también rituales que se realizan en privado, como oraciones, visitas a los cementerios, cuidados a las tumbas o lugares de entierro. Lo escatológico de pronto adquiere valor. En lo privado, también, el deudo habla minuciosamente del muerto. Una y otra vez cuenta, contabiliza, dice, culpa, se culpa. Precisa allí del lazo social, de quien escuche ese relato pormenorizado, detallado, sea del acontecimiento de la muerte, sea de recuerdos del muerto, sea de las culpas por la muerte, sea de los enojos con el muerto. Hablar, velar (en el sentido de echar un velo) van dando un manto, dibujando un envoltorio a lo real que el muerto ha dejado.

Debe, el deudo, transitar la angustia aproximándose al objeto —llamado por Freud pulsión y por Lacan objeto *a*— bordeando la tentación de irse con él, pero en un necesario despegarse de él. Si bien este borde pertenece a lo íntimo de la subjetividad, las esferas pública, privada e íntima funcionan anudando al sujeto, o, lo que es lo mismo, dando una cobertura posible a lo real que permite mantener alguna falta –un disfraz– desde donde acercarse y separarse. Esto requiere a veces "fetichizar" al muerto. Esta "fetichización", muchas veces repudiada, es sin embargo un envoltorio necesario al objeto todavía casi desnudo: el doliente conserva "vivo—muerto" durante un tiempo al que se fue. Un espacio posible lo ofrecen los velorios/velatorios (que velan, cubren lo real, mientras "sostienen la vela" iluminan el lugar donde se sitúa la despedida). Con ese ritual, el duelante parece querer "quitar" algo del muerto: ¿qué, sino algo que no es del deudo ni del muerto?, ¿qué, sino una parte del doliente que no era ni de uno ni de otro o *de uno y de otro*? Lacan llama a esa parte objeto *a*, causa de deseo: A barrado → $\$ \Diamond a$ en la fórmula del fantasma.

El sujeto, amarrado a los sistemas legales (el Otro Simbólico, A barrado en Lacan), sostiene el montaje subjetivo del mundo en relación con lo real. Ese montaje, que Lacan llama fantasma fundamental, trastabilla, y el sujeto queda con "ese"[4] real, con ese objeto *a* casi al desnudo. Precisa entonces imaginarizar ese objeto, darle forma (pintarlo, tapizarlo, disfrazarlo). Es, pues, por lo que

---

[4] Lo encomillado en este texto me pertenece

alguna pertenencia del muerto se conserva como "una parte de él y de mí", como el objeto transicional *winicottiano*, lo que ya es tomar una vía sustitutiva y darle alguna cobertura fálica.

Resulta muy importante considerar el tiempo que cada sujeto necesita para ir desprendiéndose de las pertenencias del extinto, pues estas re—presentan, ni más ni menos, algo del objeto causa que quedó "desencausado" con la muerte. En este tiempo, lo público permite al deudo seguir teniendo relación con el muerto. Tal vez, porque sabe que el pedazo de "mí en ti" no es fácilmente reintegrable y dejará algo incurable, insustituible, de "eso" del deudo que arroja el muerto, que lanza, tira, dispara, estalla. Y que necesita imprescindiblemente de todo el Otro Social; de todo "lo simbólico desde el cielo hasta el infierno, de aquí a la eternidad", parafraseando a Lacan. Necesita de todo el *logos*, que dará un lugar para preguntar, para gritar, para suplicar, para culpar y demarcará un tiempo (también impuesto desde el *logos*) para re—enmarcar el fantasma; para velar el objeto que ha quedado en carne viva, desnudo; para restituir la subjetividad y el lazo simbólico con el muerto. Freudianamente hablando, esta "fetichización" ya es un límite al agujero de la muerte, significa que el inconsciente trabaja por las vías sustitutivas regidas por el principio de placer. El sujeto va tomando un rol activo para separarse de aquello que sufrió pasivamente en el trauma y de la tentación alienante a irse con el muerto.

2.5.— Lo íntimo en el duelo

Se dijo que íntimo quiere decir lo más secreto, lo más interior; aquello que, articulado a lo público y a lo privado, permite preservar la subjetividad y la singularidad de cada sujeto. Se ha afirmado que el trenzado de lo público, lo privado y lo íntimo es condición de subjetivación, y también que la muerte de un ser querido confronta al deudo con el vacío del Otro, con la falta total de garantías de los sistemas públicos y privados, simbólicos e imaginarios. Confronta al sujeto con lo que Freud llamó lo traumático, y Lacan, lo real. Y el sujeto atravesará cada duelo desde la singularidad: tanto la del sujeto como la del duelo. Y cada duelo dejará en él marcas subjetivas, íntimas, subjetivadas o desubjetivadas.

Ahora bien: ¿qué es lo íntimo? Podríamos decir, en general, que lo íntimo, como lo más secreto, "lo superlativo de interior" (como dice el diccionario), el lazo del sujeto a la Ley (dice Arendt), coincide con el inconsciente descubierto por Freud —aquel regulado por el principio de placer/retorno de lo reprimido, en la primera parte de su obra— que alimenta los sueños, los síntomas, la transferencia, la psicopatología de la vida cotidiana. Sin embargo, la obra freudiana da un vuelco en 1920, cuando propone el "Más allá del principio del placer" y vincula la pulsión de muerte con la cuestión clínica de la coacción a la repetición. "Una presión interna que coacciona, domina, que resulta tan ingobernable que el sujeto la vive como extraña a su ser, y, en muchos casos, intenta desvincularse de ella" (Gerez—Ambertín, 2008, 122). Freud encuentra que no toda la trama del inconsciente está regida por el principio del placer. Este liga las representaciones inconscientes y las somete a leyes de condensación y desplazamiento produciendo la pacificación del sujeto en los síntomas, en la posibilidad de dormir y soñar, de encontrar una verdad en los equívocos, o de amar. Descubre que lo que no logra pacificar ni permite el dormir, que rompe los nexos lógicos que encubren lo traumático, e irrumpe, por ejemplo, en la pesadilla, forma parte del inconsciente, aunque no del inconsciente como retorno de lo reprimido. Lo relaciona con el ello.

Lacan sigue a Freud y plantea su aforismo central: "El inconsciente está estructurado como un lenguaje". Dicho de otro modo: acorde con las leyes del lenguaje, el inconsciente trabaja. Lacan acá es freudiano. El inconsciente escribe, inscribe, encadena significantes metonímica y metafóricamente. El inconsciente en Lacan es una máquina que no cesa de escribir/inscribir, lo que habla de la insistencia significante que encadena, bordea, pinta y disfraza lo real. Y, por qué no decirlo, el inconsciente es también el discurso del Otro en el sujeto.

Así como Freud, Lacan plantea que no todo en el sujeto y en el Otro es significable. Ese resto del que Freud habla en "Más allá del principio del placer" es lo que Lacan conceptualizó como objeto *a* (lo real) para decir del goce que embarga a uno y al Otro, y que asalta la subjetividad como una maldición, siempre ajena, extraña, en formas alucinatorias, de pesadillas, de lo siniestro, de ideas que se imponen, de compulsión del destino. Entonces, el inconsciente, tal como Lacan lo plantea en sus dimensiones simbólica, imaginaria y real, ¿es externo o interno?, ¿extranjero o íntimo?

Lacan inventa un neologismo para hablar del Otro exterior interiorizado que puede ser cuidadosamente exiliado. Ese topos de exterioridad interior, entroncado a lo que Freud llamó ello, es enunciado por Lacan como *extimidad*. Se insiste: no es el inconsciente del trabajo del sueño, que escribe, encadena, liga, envuelve el trauma o lo real. Es la marca del Otro en la subjetividad; la cifra, la letra, el resto que no es de uno ni de Otro, o que es de uno y de Otro.

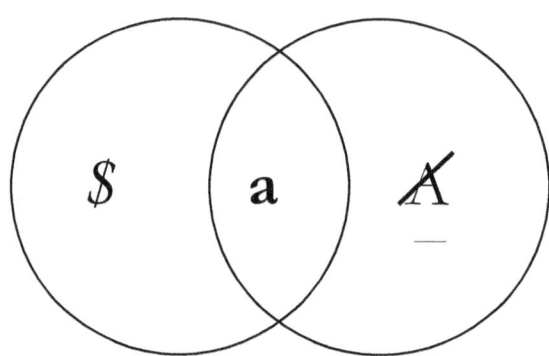

Ese que no insiste: existe.

El objeto *a*, resto de la operación de alienación y separación del sujeto en el Otro, en falta, en ausencia, regulado por las leyes del inconsciente y las leyes de intercambio, opera como causa de deseo. El inconsciente, aquí, insiste.

"En el *Seminario 'La lógica del fantasma'*, de 1967, Lacan dice que este goce, núcleo de nuestro ser, que es la única óntica admisible (*avouable* —confesable— para nosotros), no puede ser abordado sino en su pérdida" (Braunstein, N. 1990, 21). Es decir, en las huellas, en las cicatrices que puntean la subjetividad. Esas marcas que aparecen disfrazadas en los sueños ("¿Dormía con mi padre? ¿Era mi padre o un señor con su aspecto?"), en el amor, en todo lo que llamamos formaciones del inconsciente y en las identificaciones que sostienen la estructura de la subjetividad, enmarcadas en el fantasma. El fantasma supone un movimiento de alienación y de separación entre el sujeto y el Otro: este marca al sujeto dibujando el objeto *a* y disfraza esa huella, ocultándola; inscribe en el sujeto el deseo, siempre insatisfecho, porque enmarcado en el fantasma, el objeto *a* es un objeto perdido, causa del deseo.

Lacan lanza una humorada en el *Seminario 6* cuando dice que una declaración amorosa podría ser: "lo implico a usted en mi fantasma fundamental" (Clase del 19/11). Valga el chiste para pensar el amor como sustituto del objeto primordial, perdido, que dejó una huella que el sujeto podrá reconocer como propia: no es lo mismo un sabor, un olor, un amor, un beso, que otro; en estos el sujeto reencuentra en su intimidad algo que parece pertenecerle, justamente porque es un sustituto de ese objeto primordial. De allí que el psicoanálisis plantea que aun de lo más íntimo, de sus deseos y de sus goces, el sujeto es responsable. En este punto, en la dimensión ética de lo íntimo, la teoría lacaniana coincide con la de Arendt.

$$A\ barrado \rightarrow \$ \lozenge a \rightarrow \text{Objeto causa del deseo}$$

$$A\ barrado \leftarrow \$ \rightarrow \text{El objeto está bajo la barra}$$

$$\frac{}{a} \quad \text{perdido, en falta}$$

Lo íntimo tendrá que ver, entonces, con cómo se inscribe esta falta, cómo se significa, cómo atraviesa la subjetividad del deudo. Está implicado en el modo en que el deudo subjetiviza y da significación a lo perdido, y reconstruye su lazo con lo público. Luego de la estocada que produce en el montaje subjetivo que es el fantasma, del inapelable encuentro con la vulnerabilidad del Otro y del sujeto, ¿qué marcas dejará la muerte de un ser querido?

En lo íntimo quedará una cicatriz que, enmarcada en el fantasma, producirá síntomas, sueños (formaciones del inconsciente en general) e identificaciones; pero también quedarán huellas en los rasgos de carácter, en las fobias, en el objeto en tanto falta. La intimidad se pierde, justamente, cuando los velos del fantasma caen. Cuando el fantasma "se va de gira" (1993, 54), dirá Diana Rabinovich Y aparecen los sujetos objetalizados, desubjetivizados, maníacos, locos; que dicen, hacen, se exponen sin pudor y sin vergüenza. Muchas veces en nuestra clínica encontramos estos sujetos —graves— en los que parece haberse perdido la intimidad, y lo que debiera ser privado es totalmente público; pacientes en los que se ha desanudado la subjetividad. En el caso clínico que se desarrolló en el primer capítulo pudo verse cómo Tommy llega "loco" y actúa el saber acerca de la muerte de la madre: tentación a caer al vacío; a chocar con autos (la versión que le habían dado del suicidio); golpes (como los dados por su padre). Lo hace sin pudor; como si no fuera él, como si lo empujaran a hacerlo. Lo que más tarde se pudo trabajar en lo privado y en lo íntimo (con la intervención de lo público) lo "empujaba" a actuar por fuera de su responsabilidad, por fuera de la posibilidad de escucharse o de escuchar a otros. La incidencia de lo público (acto judicial) y el trabajo en lo privado (análisis) permitió el surgimiento de la fobia (por las vías sustitutivas) en lo íntimo. Es que en la subjetivación de un duelo se anudan lo público, lo privado y lo íntimo. Y eso afecta tanto el ahora del sujeto y de su entorno, como su porvenir y su descendencia.

La necesidad de ritualizar la muerte ya fue estudiada y planteada por Freud en su mito moderno de *Tótem y tabú*. Bastantes años más tarde, en *El hombre ante la muerte* (1999), Philippe Aries hizo un seguimiento en la historia de los rituales fúnebres, lo que le permite destacar que, desde el surgimiento mismo de la cultura occidental, el hombre necesitó disfrazar lo real de la muerte. Desde siempre, lo público, lugar de lo simbólico y de las leyes, transmite en las letras de sus rituales "no matarás" o "no gozarás con la muerte de tu prójimo". Los rituales recuerdan la tentación homicida, la ambivalencia y el deseo de matar (el anhelo parricida), y también contabilizan tanto las deudas *hacia* el muerto como las deudas *del* muerto. Se le debe por el crimen que se codició cometer, pero se ora no sólo pidiendo perdón por el deseo (inconsciente) homicida, sino por las máculas del muerto que el manto piadoso de la oración deja entrever.

Ariès cita las siguientes leyes: "No resucitará aquel que esté sin sepultura" (Ariés, P., 1999, 35) —que deja claro que, si bien las máculas están del lado del muerto, allí se habla de la necesidad de sostener el culto a los muertos a manera de ley estructural—, o también: "Ojalá la humanidad entera se convenza profundamente de (…) que todo individuo que no respeta a los muertos, es muy capaz de asesinar a los vivos" (426). En este caso, el sayo de la culpa recae sobre el deudo, y lenguaje, sujeto, inconsciente y sociedad quedan anudados.

2.6.— Engendrar lo público en el duelo

Se mencionó cómo lo público se produce anudado a lo privado y lo íntimo, y que estos son efectos también de aquel. Se dio el ejemplo los juicios de Nürenberg y de Argentina. Se mostró, además, cómo se pudo disolver el entretejido de las esferas públicas, privadas e íntimas en la Alemania nazi.

Valdría desarrollar como ejemplo la constitución de lo público legislante en nuestro país gracias a las acciones privadas de un grupo de madres, abuelas, hijos —y ahora nietos— de desaparecidos, que constituyeron (e instituyeron) el acto público más logrado de Latinoamérica, y que acuñaron un significante universal: la palabra que representó, demarcó, escribió e inscribió el horror en este país: "desaparecidos". Esta palabra se dice hoy en todos los idiomas del mundo en castellano (informe Conadep, Eudeba, Bs. As. 1984)[5] y su la comunidad, del pueblo, de todos: latín *publicus* 'público, del pueblo', de *poplicus* 'del pueblo', de *populus* 'pueblo'" (Gómez Silva, 574). *Privado*, en cambio, quiere decir "apartado; personal, particular, no público"; del latín *privatus* "privado, que no pertenece al Estado, despojado de su cargo", de *privatus*, participio pasivo de *privare*, 'privar, despojar'" (564). E *íntimo*, "del latín *intimus*, 'íntimo, recóndito, el más secreto, el más interior', superlativo del latín antiguo *interus* 'interio'" (385).

Mientras lo público pertenece a la comunidad, al Estado, lo privado es, justamente, lo que se sustrae a ello; y lo íntimo es lo más secreto, la "vida interior". Aquí, entonces, el sujeto del inconsciente. Lo ético en Arendt y también en Lacan, pues en Lacan la ética se vincula con el deseo.

Se llama, entonces, *lo público* a la vida comunitaria organizada, la vida social, esa construcción regida por leyes (religiosas, éticas, morales, de alianza e intercambio o cívicas). Es también el conjunto de convenciones, el "contrato social" sostenido por las vidas privadas de los sujetos. La vida pública *dibuja*, escribe cómo deben ser las vidas privadas. Estas últimas son, también, "una realidad moral y política" (Ariés y Duby, 1990, 10) que, en su conjunto, sostiene ese constructo, esa ficción que es la vida pública. Pero, aunque la vida privada participa de la vida pública, aportando a ella, simultáneamente se sustrae.

El conjunto de vidas privadas hacen a la vida pública y la vida pública dice qué es lo privado. No puede pensarse, por ejemplo, que la política (ejemplo de lo público) sea corrupta sin que el conjunto de vidas privadas tenga —por acción u omisión— que ver con esa corrupción. Así, público y privado se intersectan y se producen. Lo íntimo es la hebra subjetiva —muchas veces desconocida para el mismo sujeto— que produce y es simultáneamente producida por este trenzado.

significación remite a los desaparecidos durante la dictadura argentina de la década del 70. La *pèrve—versión* de un Otro homicida (lugar de lo público, sede de las leyes de la lengua, políticas y jurídicas —en ese momento suspendidas—) no solo asesinaba a miles de seres humanos en la Argentina, sino que además borraba las huellas de los crímenes (no se los llamaba muertos porque no había cadáveres, rituales, despedidas, tumbas reconocidas, ni juicios o ejecuciones públicas, ni fueron muertos de guerra, porque tampoco la hubo): hizo "desaparecer a 30.000 hombres y mujeres y se apropió de sus hijos, a los que se les robó la filiación –la ficción que nos sostiene como humanos—. Mientras todo esto ocurría, un grupo de madres, hartas de llamar a los representantes de la autoridad pública (Justicia, Estado, Iglesia), comenzó con una de las acciones más privadas: dieron vuelta a la plaza portando otra cosa privada, un simple pañuelo blanco de entrecasa que, a la sazón, resultaba haber sido un pañal de sus hijos.

Rápidamente, estos actos se convirtieron en públicos y exigieron –durante más de 30 años— acciones del Estado: aparición con vida de sus hijos, y juicio y castigo a los culpables. Este pedido "loco" tenía razones políticas y jurídicas: ellas no iban a reconocer una muerte sin cuerpos ni sin pruebas. Reclamaban que el Estado y la Justicia lo sancionaran, y de este modo lo obligaban a funcionar y a reconocer los crímenes. Y si eso era así, habría criminales. Estos actos comenzaron a designar el horror, la matanza, el asesinato.

Los actos privados dibujaron lo público; exigieron el funcionamiento del Otro Social en un movimiento que se tornó claramente político—jurídico—lingüístico. ¿Por qué político? Porque la maquinaria democrática comenzó a funcionar. ¿Y jurídico? Porque lograron el juicio a las Juntas de Gobierno de la dictadura, el levantamiento de las leyes de impunidad y los juicios que aún hoy prosiguen en la Argentina. ¿Y lingüístico? Porque en el mundo entero se instaló, en todas las lenguas, la palabra "desaparecido" que nombra,

---

[5] Tomado del texto de Jinkis, 2006, 16.

testimonia, sanciona, significa el genocidio argentino. "Y esto dio la oportunidad de subjetivación tal como lo constituyen las palabras cuando se dicen en la ciudad" (Jinskis, 2006, 12).

Es pertinente citar aquí lo que Lacan entiende por *subjetivación*: 'Para que algo se signifique es necesario que sea traducible en el lugar del Otro" (*Seminario 8, La Transferencia*, 279). Eso implica pasar lo real, la catástrofe (y aun el horror) por los sistemas de la lengua, que incluyen sus equivalentes: sistema jurídico, sistema político, sistemas lingüísticos y hasta los diversos sistemas semiológicos, para que sea *traducido,* anudado en prácticas privadas y en las intimidades del inconsciente. Luego retornará de otra manera al deudo y a la sociedad.

CAPÍTULO III

Conceptualizaciones sobre el duelo

Aportes de Freud, Lacan, Abraham, Klein y otros

> Primera Noche de bodas.
>
> Pero, ¿primera noche de duelo?
>
> Barthes, 2009, 13

3.1.— Hacia una delimitación del duelo

Nacer "supone la movilización, para cada recién venido a la humanidad, de todo el andamiaje institucional" (Legendre, 2004,168). En el humano, a diferencia del animal, surgió esa metáfora llamada ritual que permite significar verdaderos vacíos de la vida (por ejemplo, los que deja la muerte). Es posible proponer entonces que morir supone la movilización, para cada recién devenido deudo, de todo el andamiaje institucional. Y así la muerte también ha de ser instituida, pues su inscripción en los lenguajes es exclusividad de la vida en tanto humana.

Variados discursos instituyen la defunción, convierten la biología inerte en símbolos, construyen saberes:

- El discurso jurídico con sus ramas:

- El Derecho Civil, que registra la muerte en sus archivos y otorga un certificado de defunción.
- El Derecho de Familia, que decide sobre herencias de nombres y bienes.
- El Derecho Penal, que dirime, si hace falta, el asesinato de la muerte natural o voluntaria y sanciona las responsabilidades.

• Los discursos de las religiones, que otorgan saberes supuestos acerca del presente y del futuro del muerto y de los deudos.

• El discurso de la ciencia médica, que delimita lo vivo de lo muerto y las razones biológicas de la muerte.

• Y otros, como la arquitectura, la antropología, la historia, la sociología, la arqueología, etc., que intentan aprehender la muerte, situarla, dibujarla, esculpirla y hasta interrogarla.

El duelo, el lazo social y los lazos genealógicos son los destinatarios de esa institución y de la pluralidad de discursos que confieren al fallecimiento su dimensión simbólica. La cultura dona andamiajes que instituyen la muerte y permiten la sujeción, el amarre al Otro en momentos en que ella confronta al sujeto con la orfandad más brutal. Porque una cosa es lo que viene del Otro transportado en las letras de los rituales, de los discursos, para avisar al deudo —o a la sociedad toda— que alguien ha muerto, y otra es que el deudo pueda ubicarse en relación con el trágico hecho como tal: como un reciente enlutado. Si lo primero ocurre, la orfandad no será tan atroz: al menos el Otro Social reconoce el lugar del deudo y le otorga algún significante con el que poder representarse.

La muerte como acontecimiento debe ser señalada por los discursos para permitir su inscripción en la subjetividad. Cuando esto no ocurre, el supérstite es arrojado al peor de los desamparos. Es preciso, entonces, que el Otro opere, que no se abstenga, que reconozca la muerte para que esta pueda ser subjetivizada de algún modo, y sea posible el duelo.

Una de las estrategias que usaron los genocidas en Argentina y en Alemania fue justamente hacer desaparecer o incinerar los cadáveres. Con esto pretendieron borrar las huellas de sus crímenes, pero, además y sobre todo, instalaron el peor desastre para el sobreviviente: su muerto no terminaba de morir. De allí la importancia del trabajo que se está realizando para recuperar los cadáveres, a 40 años de ocurrido el homicidio.

Volvamos al duelo: etimológicamente significa "Dolor, lástima. Viene del latín tardío, *dolus* 'duelo' pero también de *dolus* 'fraude, engaño, ardid'. Además significa 'combate entre dos personas': del latín medieval *duellum* 'duelo' (cambio de sentido por el influjo del latín duo 'dos'), y *duellum* 'guerra' (también *bellum*). De la misma familia, bélico, rebelde" (Gómez Silva, 1996, 34).

Dos de esas significaciones — dolor, tristeza, pena, por un lado, y guerra, combate, por el otro, permiten pensar lo que primero Freud, y luego Karl Abraham y Melanie Klein, propusieron como la ambivalencia estructural en el lazo con el semejante. Del odio estructural, pero también del odio causado por la muerte de aquel a quien el deudo acusa (muchas veces inconscientemente) de haberlo abandonado. ¿Por qué no imputarlo, si su muerte es la causante del desamparo al que fue arrojado? Por otra parte, también el trazo paranoico del duelo se debe a la culpa del que perdura. Todo deudo ha sobrevivido al fallecido. La culpa es un enclave que da cuenta del llanto, de la demanda de amor y de la concomitante tristeza por la pérdida, pero también del goce que convoca el deceso.

La muerte, entonces, devela crudamente la ambivalencia estructural en el lazo con el semejante, y la palabra duelo, desde la etimología, da cuenta de este odio/amor inevitable. En tanto allí se alojan las paradojas, no es posible dar una definición unívoca que lo circunscriba de una vez y para siempre; sin embargo, sí se puede pensar que se trata de una operación que ocurre en la subjetividad una vez que el Otro Social sanciona la muerte de alguien que importa.

El mismo Freud planteó el duelo desde la pluralidad: si bien describió *duelo normal* y *duelo patológico*, en "Duelo y melancolía", describió también duelo obsesivo y duelo pesaroso. Fue Melanie Klein quien tomó solamente la oposición normal vs. patológico que impregnó el psicoanálisis posfreudiano. Y pensar en el duelo una función fecunda, subjetivante, no es posible asentándose sólo en esa lógica binaria. Es preciso seguir a Freud (que nunca descomplejizó el tema) desde el sesgo lacaniano y atravesar estas lecturas con la de otros pensadores.

3.2.— *La concepción freudiana en su pluralidad*

Ya se dijo que desde los comienzos de su obra ("Manuscrito G" —1895) Freud va delimitando y diferenciando duelo de melancolía, y acentuando la diferencia en la condición del objeto que se pierde: mientras en el duelo se trata de "añoranza de algo perdido" (240), en la melancolía se trata de una "pérdida producida en la vida pulsional" (240).

En 1897 ("Manuscrito N") demarca los motivos inconscientes de las tan frecuentes las enfermedades durante el duelo. Afirma: "es una exteriorización del duelo hacerse reproches por su muerte, o castigarse histéricamente, mediante la idea de la retribución, con los mismos estados (de enfermedad) que ellos han tenido" (296). Y un paso más allá, como en un intento primario de delimitar la cuestión estructural del duelo, trabaja los anhelos parricidas de manera incipiente: impulsos hostiles contra los seres queridos muertos salen a la luz en ideas obsesivas o conversión histérica como autocastigo, productos de una desconocida culpa. Desde entonces reseña en múltiples textos "autoacusaciones" (1893, 95, 69), "autocastigos" (1913, 75), "autolesiones y autodestrucción" (1901, 178), cuando se refiere a las enfermedades –asociadas a la culpa— durante el duelo.

Vemos que Freud no desresponsabiliza al deudo en su padecimiento. Antes bien, el prefijo "auto" remite a la causalidad –inconsciente– de lo que parece ocurrir casualmente.

En *Tótem y tabú* relaciona *autoacusaciones* —*temor a los muertos*— *temor a la retaliación* — *temor al demonio*, con el anhelo de muerte del prójimo, inherente a la *ambivalencia de sentimientos* de todo deudo hacia el objeto perdido y asigna al duelo una función: "El duelo tiene una tarea psíquica bien precisa que cumplir; está destinado a desasir del muerto los recuerdos y expectativas del supérstite. Consumado ese trabajo, el dolor cede y, con él, el arrepentimiento y los reproches" (71).

Esta concepción se amplía en "De guerra y muerte. Temas de actualidad", donde relaciona el surgimiento de la idea de los demonios con la satisfacción del odio —vuelta retaliativamente— oculta detrás de la pena por la muerte de las personas amadas y odiadas.

Por fin, en "Duelo y melancolía" diferencia más precisamente duelo de melancolía. "El duelo es, por regla general, la reacción frente a la pérdida de una persona amada" (241), define, pero agrega que ante la muerte de alguien a quien se ama se observa una "comprensible renuencia" (241). Esta *renuencia* es asociada a la *psicosis alucinatoria de deseo* y abre las puertas para pensar las alucinaciones en la neurosis. Freud precisa el duelo, entonces, como una *reacción*, una respuesta al estrago que produce la muerte de alguien que importa, que se "singulariza en lo anímico por una desazón profundamente dolida, una cancelación del interés por el mundo exterior, la pérdida de la capacidad de amar, la inhibición de toda productividad" (242).

El angostamiento del lazo de la libido con las cosas del mundo, la inhibición, es para Freud el resultado de:

1°: el golpe que la muerte produce, ligado a lo traumático.

2°: el hecho de que el deudo se encuentra ante una operación en la que, por un lado, sobreinviste cada uno de los recuerdos, expectativas, ligazones que lo anudaban al muerto, y por otro, va dolorosamente desprendiéndose de él.

Freud insinúa que el deudo se sujeta, se enlaza al muerto para poder des—sujetarse de él. Esta operación, sumamente dolorosa, desafecta al sujeto del mundo, que se ha hecho pobre y vacío, por un tiempo. El duelo llama a relatos pormenorizados y quejas monocordes para ir despegándose en una vuelta, en otra, y otra. "Esas quejas monocordes, fatigantes por su monotonía, provienen empero en cada caso de una diversa raíz inconsciente" (253), describe. Y especifica: "quejas que en realidad son querellas" (253), referidas al muerto. Estas quejas, en el duelo, van enhebrando al orden de las palabras lo que no puede capturarse totalmente porque no se sabe: la culpa por el anhelo parricida.

En "La transitoriedad" el duelo es descripto como un enigma. Freud se pregunta allí por qué este desasimiento de la libido de sus objetos habría de ser un proceso tan doloroso. Y en "Más allá del principio del placer" aclara lo que antes esbozaba como castigo histérico, o autoacusaciones y autorreproches; temor a los muertos —temor a la retaliación— temor al demonio vinculado con la pulsión de muerte. Describe este fenómeno como "eterno retorno de lo igual" (1920, 22), ligado al trauma y a la pulsión de muerte y desenmascara la fuerza demoníaca de esta encarnada en el superyó, como heredero de Edipo (eco del castigo de castración) y del silencio del ello. El superyó, presente también en las neurosis, participa de los fracasos de la *tarea* del duelo, dinamita el trabajo del inconsciente. Este texto de Freud va separando lo vinculado con la palabra y con la repetición significante, de la repetición como coacción, como *eterno retorno de lo igual*; como padecimiento y castigo. (Alicia Hartmann liga la coacción a la repetición a "'lo impulsivo', 'apasionado', 'irreflexivo'" (2009, 30), lo que nos da pistas sobre destinos posibles del duelo cuando fracasa su función subjetivante). La culpa inconsciente permite el enlace a la palabra, mientras que la coacción compulsa (ligada a los silencios del ello y al superyó, lo que Freud articula a la culpa de sangre) al padecimiento, al castigo; no sólo en la melancolía, sino en los fracasos de la operación del duelo; operación que, se dijo, siempre dejará un resto incontorneable.

En "Inhibición, síntoma y angustia" (1925), Freud describe la angustia ante el desamparo a la que precipita la ausencia de alguien querido y la relaciona con el duelo. Se pregunta: "¿Cuándo la separación del objeto provoca angustia, cuándo duelo y cuándo quizá sólo dolor?" (158). Relaciona tanto la angustia como el dolor al desamparo y a un incremento en lo pulsional; en cambio, vincula la angustia con el movimiento y el duelo con la palabra. Sin embargo, entrecruza angustia con duelo: el duelo no es posible sin *pathos*.

Para Freud, entonces, el duelo es una reacción que tiene una tarea psíquica que cumplir: anuda trauma, angustia, indefensión en el encuentro con la muerte. La *tarea psíquica del duelo* es desasir los recuerdos, las expectativas y los lazos que unían al deudo con el muerto y equivale al trabajo del inconsciente, que opera vía condensación y desplazamiento (metáfora y metonimia para Lacan) enlazando los significantes y contorneando lo real del trauma; difícil labor, porque lo real nunca puede inscribirse totalmente. Bordear el agujero de lo real es dibujar un margen a la explosiva presencia del objeto que tienta al sujeto a zambullirse ahí. Durante esta *tarea*, por supuesto, el mundo se ha vuelto pobre y vacío en todo lo que no concierne al duelo. Es lógico pensar que la catástrofe de la muerte de un ser querido instale una particular *renuencia* a aceptarla. Los caminos del duelo —enigmáticos y paradojales— muestran con crudeza la fractura estructural del sujeto: parte del agujero que produce la muerte podrá anudarse a alguna significación y motorizará la insistencia significante. Pero algo –sin poder enlazarse a alguna lengua— volverá como oscura culpa contra el sujeto y compulsará un pago sin medida. Muchas veces la retribución es la vida.

Freud anuda, entonces, duelo a culpa: el deudo transitará las vicisitudes de la culpa inconsciente, anudando el duelo a las palabras y entonces repetirá vez a vez, deshojándolos, cada encuentro, cada recuerdo, cada queja, querellando sin saberlo, y acusándose de un crimen que no cometió, pero que hubiera anhelado— inconscientemente— cometer. O, por las vías de la coacción a la repetición (culpa de sangre o muda), el duelo quedará fuera de la posibilidad de las palabras y de ser reconocido como tal. Autoacusaciones, silenciosos autocastigos y sacrificios, y hasta la muerte del deudo hablan de la imposibilidad de la realización de la *tarea* psíquica del duelo.

Como ya se afirmó, no hay duelo sin *pathos*. Pero esa operación alguna vez termina. En carta a Ludwig Binswanger del 12/04/1929 Freud escribe:

> Aunque sabemos que después de una pérdida así el estado agudo de pena va aminorándose gradualmente, también nos damos cuenta de que continuaremos inconsolables y de que nunca encontraremos con qué rellenar adecuadamente el hueco, pues aun en el caso de que llegara a cubrirse totalmente, se habría convertido en algo distinto. Así debe ser. Es el único modo de perpetuar los amores a los que no deseamos renunciar (*Epistolario*. 1873—1939, 431).

Marta Gerez Ambertín propone que *"ese algo distinto* hace que nuestros muertos se inscriban en nuestra matriz identificatoria, en los rasgos de carácter, en los silencios del ello, en los imperativos del superyó, en nuestros síntomas, en las marcas del fantasma y en el desfase de nuestro goce" (2008, 112).

La operación del duelo dejará como saldo, entonces:

- Un lazo diferente con el muerto (abonará los síntomas, los sueños, las identificaciones, las transferencias, el amor, las fobias, los rasgos de carácter, las marcas del fantasma y los desfasajes de los goces.)

- Un resto incontorneable, incurable.

3.3.— *La concepción lacaniana*

Lacan, como Freud, aborda el duelo desde su pluralidad. En el *Seminario 6*, *El deseo y su interpretación*, lo sitúa en torno del falo y de la operación de la privación, y en el *Seminario 10*, *La angustia*, donde ya cuenta con el concepto de objeto *a*, desarrolla la cuestión acentuando la posición del deudo como objeto causa de deseo.

Así, en *Seminario 6* afirma "Si el duelo tiene lugar y se nos dice que es en razón de la introyección del objeto perdido, para que él sea introyectado hay, posiblemente, una condición previa; ésta es que él esté constituido en tanto que objeto" (Clase 15.18/03/59).

Lacan está situando el duelo de un objeto que tiene dimensión fálica para el deudo. En la clase del 22 de abril del mismo Seminario se pregunta:

¿Qué es esta incorporación del objeto perdido? ¿En qué consiste el trabajo del duelo?

En otros términos, el agujero en lo real, provocado por una pérdida, una pérdida verdadera, esta especie de pérdida intolerable al ser humano que provoca, en el duelo, ese agujero en lo real, se encuentra, por esta misma función, en esta relación que es la inversa que aquella que promuevo delante de ustedes bajo el nombre de *Verwerfung*.

Así como lo que es rechazado en lo simbólico reaparece en lo real es que esas fórmulas deben ser tomadas en sentido literal, lo mismo la *Verwerfung*, el agujero de la pérdida en lo real, de algo que es la dimensión, propiamente hablando, intolerable, ofrecida a la experiencia humana, y que es no la experiencia de la propia muerte, que nadie tiene, sino aquella de la muerte de otro que es, para nosotros, un ser esencial.

Esto es un agujero en lo real. Este agujero se encuentra en lo real, y es en razón de la misma correspondencia que la que articulo en la *Verwefung*, que ofrece el lugar donde se proyecta, precisamente, ese significante faltante, ese significante esencial, como tal, en la estructura del Otro, ese significante cuya ausencia vuelve al Otro impotente para darles vuestra respuesta.

Ese significante que sólo pueden pagar con vuestra carne y vuestra sangre, ese significante que es, esencialmente, el falo bajo el velo. (*Seminario 6*, 1958-59, Clase 17, Inédito).

Lacan habla del agujero en lo real que es la privación. La muerte produce un desgarrón en lo real que tiene con la psicosis una relación invertida. No hay significante que pueda nombrar el horror, la indefensión a la que es arrojado el deudo —lo que aquí Lacan llama una *pérdida verdadera*—. De allí que articula la necesidad de los ritos en el duelo, como el *logos* que viene a hacer circular el significante faltante.

En la misma clase, dice: "los ritos por los cuales nosotros satisfacemos eso que se llama la memoria del muerto, ¿qué son sino la intervención total, masiva, desde el infierno hasta el cielo, de todo el juego simbólico?" (Clase 18. 22/04/ 59). Luego explica que ese significante faltante solo se paga con un sacrificio, ritualizado o no. Se paga con el falo o se paga con la vida, como en Hamlet, a cuyo derredor las muertes se suceden en cascada. "El *Ghost* surge de una ofensa inexpiable. Ofelia aparece en esta perspectiva, neutra, nada más que una víctima ofrecida a esta ofensa primordial. El asesinato de Polonio y el ridículo arrastre que deviene de repente literalmente desenfrenado" (Clase 18. 22/04/ 59). Polonio y Ofelia, luego

Gertrudis, Claudio y hasta el mismo Hamlet son víctimas ofrecidas a un duelo en el que se economizan rituales.

Además, en el *Seminario 7, La ética del psicoanálisis* (1959—60) dice:

> El duelo se aplica a un objeto incorporado, a un objeto al cual, por una u otra razón, uno no le desea demasiado el bien. Ese ser amado al que damos tanta importancia en nuestro duelo, no sólo lo alabamos, aunque más no fuese a causa de esa porquería que nos hizo al dejarnos. Entonces, si incorporamos al padre para ser tan malvados con nosotros mismos, es quizás porque tenemos muchos reproches que hacerle a ese padre (366).

Lacan, siguiendo a Freud, liga el odio a la culpa y al ofrecimiento sacrificial.

En el *Seminario 10, La angustia* (1962—639) afirma:

> No estamos de duelo sino por alguien de quien podemos decirnos *yo era su falta*. Estamos de duelo por personas a quienes hemos tratado bien o mal y frente a las cuales no sabíamos que cumplíamos esa función de estar en el lugar de su falta.
>
> Lo que damos en el amor es, esencialmente, lo que no tenemos y, cuando lo que no tenemos vuelve a nosotros, hay por cierto regresión y al mismo tiempo revelación de en qué cosa hemos faltado a la persona para representar su falta (155).

Más adelante explica:

Freud nos hace observar que el sujeto del duelo se enfrenta a una tarea que sería la de consumar una segunda vez la pérdida del objeto amado provocada por el accidente del destino. Y Dios sabe cuánto insiste con razón sobre el aspecto detallado, minucioso de todo lo que se ha vivido del vínculo con el objeto amado (362).

Según lo trabajado hasta aquí, se puede afirmar que el duelo por la muerte de alguien esencial para el sujeto produce un agujero en lo real; esa muerte vuelve al Otro impotente para dar respuestas. Por ese significante que falta (Φ — el falo y su contorno —φ) se paga con la carne y con la sangre; de allí la necesidad de los ritos. Su acortamiento y su banalización están relacionados con la tentación sacrificial. Más tarde Lacan dirá –habiendo conceptualizado el objeto *a*— que, dado que el duelo se realiza por aquel cuya falta/causa fuimos, cuando el que está en ese lugar muere, la falta se significa en el deudo como culpa, y esta, anudada a la palabra, repasará en detalle, minuciosamente, en una vuelta, otra y otra el vínculo con el muerto, bordeando la tentación al ofrecimiento sacrificial (hay, en este caso, significación fálica –φ). Desanudada de las palabras, la culpa —muda— es la causante de las "muertes en cascada" que muchas veces acosan al duelo: sin posibilidad de dar alguna significación y contabilización fálica, el duelante es arrastrado por el objeto *a*.

Entonces, si la pérdida de aquel cuya falta fuimos produce un agujero en lo real, rompe la cadena significante, la cobertura, el disfraz con el que se causa el deseo del Otro, la escena fantasmática recibe una estocada y el *yo era su falta*, o *yo era su causa*, cae. Para el deudo, su causa es una causa perdida. El doliente queda como "alma en pena, como bala perdida, como *a—que—apena*" (Gerez—Ambertín, 2008, 113) La vacuidad del Otro se significa como culpa, y esto –insistimos— puede derivar en culpa subjetivada, apalabrada y reconocida (con cobertura simbólico—imaginaria) o en la caída del sujeto y el ofrecimiento sacrificial al Otro oscuro del goce, por la culpa en lo real o muda, sin semblante.

3.4.— *El duelo en la concepción de otros psicoanalistas*

Karl Abraham (1924):

En 1924, Abraham, discípulo de Freud (colaboraba con él en múltiples temas) sostiene: "el duelo indicaría la puesta en obra de un *proceso de exclusión* del objeto que, como todo duelo, atestiguaría un modo de resolución o de trabajo específico destinado a liberar al yo de su *servidumbre*" (2004, 1319). "La evolución de comienzo agudo, intermitente y recidivante de los estados maníaco—depresivos corresponde a una expulsión del objeto de amor que se repite a intervalos" (1319).

Abraham sigue a Freud en la concepción de que el duelo precisa una renuncia al objeto de amor muerto. La operación de separación que Freud destacaba es llamada por Abraham exclusión.

Melanie Klein (1940) dirá:

Trataré también de dar una contribución para una mayor comprensión de la conexión entre el duelo normal, por una parte, y el duelo patológico y los estados maníaco—depresivos, por otra.

El niño experimenta sentimientos depresivos que llegan a su culminación antes, durante y después del destete. Este es un estado mental en el niño que denomino 'posición depresiva' y sugiero que es una melancolía en *statu nascendi*. El objeto del duelo es el pecho de la madre y todo lo que el pecho y la leche han llegado a ser en la mente del niño: amor, bondad y seguridad. El niño siente que ha perdido todo esto y que esta pérdida es el resultado de su incontrolable voracidad y de sus propias fantasías e impulsos destructivos contra el pecho de la madre. Otros dolores en relación con esta pérdida inminente (en este momento de ambos padres) surgen de la situación edípica que se instala tan tempranamente y que está tan íntimamente relacionada con las frustraciones del pecho que en sus comienzos está dominada por impulsos y temores orales. El circulo de los objetos amados que son atacados en la fantasía y cuya pérdida por lo tanto se teme, se amplía debido a la relación ambivalente del niño con sus hermanos y hermanas (Biblioteca Digital APA).

Klein es quien instala e impregna el psicoanálisis posfreudiano de lo *normal* y lo *patológico* en el duelo; sin embargo, avanza sobre el tema de la ambivalencia en los lazos amorosos y sobre las fantasías que se conmueven en cada pérdida. Un aporte importante es su trabajo sobre el duelo precoz en los *infans:* fue el piso para que Lacan pensara los diferentes tipos de agujeros que cincelan la subjetividad.

Nicolás Abraham. María Torok (1978):

Es muy importante destacar el aporte que realizan sobre el duelo encriptado. Relacionan crimen y secreto (¿crimen y complicidad de goce?), lo que imposibilita al sujeto tanto reconocerse en un duelo como la trasmisión de dones simbólicos; es decir, se imposibilita el duelo y toda la construcción que a través de él se hace: relatos de mitos, historias, recuerdos, de una generación a otra.

"En la tópica, esta cripta corresponde a un lugar definido. No es ni el Inconsciente dinámico ni el Yo de la introyección. Sería más bien como un enclave entre los dos, especie de Inconsciente artificial alojado en el seno mismo del Yo" (1978, 229). La cripta no permite tener acceso a la tumba, porque se mantiene un secreto indecible.

Proponen una diferencia entre introyección e incorporación. Si bien en su teoría abundan explicaciones imaginarias, es posible articular su pensamiento al freudiano. En su concepción, la introyección atañe al yo, a las identificaciones, como resultado del inconsciente ligado al principio de placer. En cambio la incorporación tiene que ver con "la cripta", enclave alógeno donde, separados del yo (conjunto de introyecciones) se encuentran encerrados los objetos incorporados, aquellos cuyo duelo es rehusado. Difiere, entonces, de la introyección que tiene que ver con el conjunto de identificaciones que conciernen al yo y al que la incorporación se opone.

La incorporación es una forma de exclusión del duelo que, gracias a la escisión del yo, conserva "vivo—muerto" al fallecido y sus crímenes, o los crímenes que llevaron a la muerte. Homicidios, suicidios, violaciones, secretos inconfesables son trasmitidos de una generación a otra. Ocurre entonces que la nueva progenie recibirá esta herencia silenciada careciendo de los recursos simbólicos para anudar aquellos acontecimientos con los padecimientos para ellos actuales. Puede relacionarse el duelo encriptado con lo postulado por Freud como más allá del principio del placer y como coacción a la repetición. Son una herramienta ineludible para pensar el duelo subjetivado (aquel que sostiene la trasmisión por las vías sutitutivas) y desubjetivado (el que conserva encriptado secretos inconfesables. Agujeros en la trasmisión que serán recibidos por las generaciones siguientes sin la posibilidad de ser tramitados)

Jean Allouch (2006):

Realiza un minucioso estudio del duelo confrontando con Freud. La crítica a los conceptos freudianos va orientando su posición teórico—clínica del duelo.

Censura los conceptos freudianos de trabajo de duelo; duelo normal y duelo patológico; criterio de realidad; objeto sustituto; psicosis alucinatoria de deseo (afirma que Freud tomó esta idea de la psiquiatría, más precisamente de Meynert).

Asegura que Freud no consideró la cuestión del semejante ni de lo público en el duelo (sí lo consideró en El chiste y su relación con el inconsciente —1905—) y habla de una versión romántica del duelo en Freud. Desde allí propone la ausencia de "normalidad" en el duelo y la posibilidad de que aún la locura sea parte de él. Dice, por ejemplo, que la locura de Margarite, la Aimée de Lacan, *es* el duelo.

Según Allouch, más allá de cualquier objeto sustituto, "hay duelo efectuado cuando quien está de duelo, lejos de recibir no se sabe qué del muerto, lejos de extraer lo que sea del muerto, suplementa la pérdida sufrida con otra pérdida, la de uno de sus tesoros" (2006, 9). El duelo implica que, luego de su tránsito, algo nuevo se engendra. El sujeto no es el mismo antes que después del duelo. Cambia su posición en relación con el falo y con el objeto— causa entretejido en el lazo con el muerto. Como Allouch relaciona duelo y sacrificio, ocurre también que si no puede otorgársele el estatuto de don al objeto arrancado por el agujero creado en la existencia, este se transforma en ofrenda sacrificial no se ofrece un pequeño trozo de sí (sacrificio con valor fálico) sino la vida misma. "Una muerte llama a otra muerte", sostiene el saber popular, posibilidad abierta, sin duda, en cada duelo. Allouch considera lo planteado por Lacan: la muerte convoca al acto; al accionar ligado a la inhibición, al *acting out* y/o al pasaje al acto, o al acto ligado al deseo decidido. Se podrá estar o no de acuerdo con Alouch, pero su lectura es ineludible.

Marta Gerez - Ambertín (2008) escribe:

> El duelo es un trabajo de separación y, al mismo tiempo, de enlace con el objeto perdido; de consumar en una segunda vuelta (o 3ra. o 5ta.) la pérdida, pero para sostener y modificar –y ser modificados— los lazos con el objeto perdido: nuestro *muerto abonará nuestros síntomas y fantasmas*. Pero más allá de eso, el *hueco* es insuturable. La vida no es sin pérdidas (112).

Gerez - Ambertín refiere a un trabajo de separación y enlace con el objeto perdido, y a las marcas que dejará el muerto en la subjetividad del deudo.

Adriana Bauab (2012): habla de la función subjetivante del duelo. Plantea también, tres tiempos en su proceso:

1) Una pérdida real que, sin embargo, produce un efecto renegatorio por parte del sujeto.
2) Un trabajo de simbolización, de desasimiento pieza por pieza que va liberando la libido, cosa que es imposible en la melancolía.
3) Una pérdida simbólica del objeto, como una segunda pérdida.

Sostiene que cada muerte reenvía al sujeto al lugar de la privación y lo deja privado de poder nombrar esa falta en lo real. Cada duelo es una puesta a prueba para la estructura, y el sujeto sucumbe si faltan recursos simbólicos para atravesar tal prueba.

3.5.— *El concepto de duelo al que se llega en este trabajo:*

El recorrido realizado desde Sigmund Freud a Jacques Lacan y los aportes al concepto de duelo que se han recogido de distintos autores permiten delimitar lo que aquí se entiende por duelo: la *operación* en la cual el sujeto sufre la pérdida de un ser querido (generalmente traumática) y se enfrenta con la inexistencia del Otro. Por eso, el duelo supone gran fragilidad. Esa operación puede ser subjetivada o no.

Estamos en duelo sólo por aquel de quien podríamos decir yo era su falta, destaca Lacan, y dada la fragilidad en la que queda el deudo pierden valor las galas narcisísticas con las que se investía para ser lo que al Otro le faltaba. De allí que el sujeto quede *desencausado*, transite por las cornisas y se ofrezca para evitar el encuentro con la brutal inconsistencia del Otro. El deudo bordea la tentación al sacrificio de su vida.

La operación del duelo va enmascarando lo real de la muerte por medio de la palabra, de las quejas, de la demanda, de los relatos pormenorizados, de la fetichización de objetos pertenecientes al muerto y hasta de alucinaciones. A través de ellos va conservando el lazo con el muerto y consumando en una vuelta, otra y otra, la necesaria separación. Esta operación permitirá al deudo mantener una ligadura diferente de la que tenía en vida con su muerto, aunque quedará —siempre— un resto incontorneable. Dicha ligadura tendrá valor simbólico—imaginario y enmascarará lo real. Tendrá valor de don, de palabra, de ritos, de relatos, de mitos y de formaciones del inconsciente (sueños, síntomas, nuevos amores), pero también, inevitablemente, de goce.

Al finalizar el duelo (porque el duelo tiene una declinación) por el camino de la reconstitución subjetiva, el muerto abonará los síntomas, las formaciones del inconsciente, los nuevos amores y los goces. Para esto, es precisa la intervención de las esferas pública (desde los ritos públicos y el Otro social), privada (ritos privados, la manera de conservar al muerto tras los muros de lo familiar y de lo cotidiano) e íntima (los restos en el deseo y en los goces).

CAPÍTULO IV

Duelo y Culpa

Tú que desciendes de los dioses (Götter), de los godos (Goten) o del fango (Kot). También sois polvo, imágenes de los dioses.

Freud, S. *La interpretación de los sueños*. López Ballesteros, 473.

4.1.— Deuda y duelo

En el capítulo anterior se vio que tanto Freud como Lacan tropiezan una y otra vez con el entramado duelo—culpa que ambos trazan casi como único camino posible. Se dijo también que desde 1897 Freud une duelo con autorreproches, y afirma que es muy frecuente, durante el duelo, que el deudo enferme de lo mismo que su muerto, o tenga igual accidente, o le ocurra lo que a Tommy (el caso clínico trabajado en el primer capítulo), tentado a caer desde las alturas igual que su madre. Freud se refiere concretamente a la posibilidad de que el deudo muera del mismo modo que el difunto y utiliza desde los comienzos de su teorización los significantes autocastigo, automaltrato, autodestrucción, autoacusación, temor a la retaliación, temor al demonio, quejas que son querellas dirigidas al muerto. Esta concepción no es abandonada a lo largo de la obra freudiana; por el contrario, se va delimitando y aclarando la idea cada vez con más precisión, hasta vincular culpa con pulsión de muerte y trauma en "Más allá del principio del placer", donde se llama coacción a la repetición.

Lacan también los anuda. Esto es imprescindible porque uno y otro (duelo y culpa) son la bisagra en la que se asienta la estructura subjetiva. Así, cada vez que Lacan aborda el duelo, lo refiere a la culpa. En el *Seminario 6*, donde trabaja el duelo en relación con el falo, afirma que el agujero en lo real —llamado por él privación— deja impotente al Otro para dar respuesta (¿quién tendría una respuesta al horror de la muerte?) y que, ante semejante oquedad, el deudo sólo puede pagar con su carne y con su sangre, proceso que él llama el falo bajo el velo. Se dijo ya que es esa situación la que hace tan importante la ofrenda ritualizada al muerto, puesto que, o se paga con un don (con medida fálica) o se paga con el horror sacrificial. En el *Seminario 7* enuncia que el sujeto está de duelo por alguien a quien tiene reproches para hacerle y en el *10, La Angustia*, relaciona falta con culpa.

Un aporte de Marta Gerez - Ambertín echará luz a la opacidad que, a pesar de lo que aclararon Freud y Lacan, persiste en el tema. Esta autora, que ha trabajado la cuestión de la culpa en diversos libros (lo que autoriza a Néstor Braunstein a darle la nominación de *culpóloga*) propone pensarla desde los tres registros de Lacan. Entiende la culpa en su vertiente de *sentimiento* exteriorizada como queja, donde el sujeto se siente víctima o hiperculpable, pero no responsable. Ubica este sentimiento en la intersección imaginario—simbólica de lo que denomina el "trébol de la culpa". La *culpa inconsciente*, en cambio, es una invocación a la falta del Otro. Ocupa en el gráfico la intersección simbólico—real y es el camino a la subjetivación, es decir, al trabajo del inconsciente y a la posibilidad de escucharse. La *culpa muda* o *culpa de sangre*, sometida a la voracidad superyoica de goce, es situada en la intersección imaginario—real. En este caso el sujeto no habla o no se escucha y queda esclavo de la necesidad de castigo. La muerte en sus vertientes de suicidio, homicidios, enfermedades o accidentes encuentra acá su lugar.

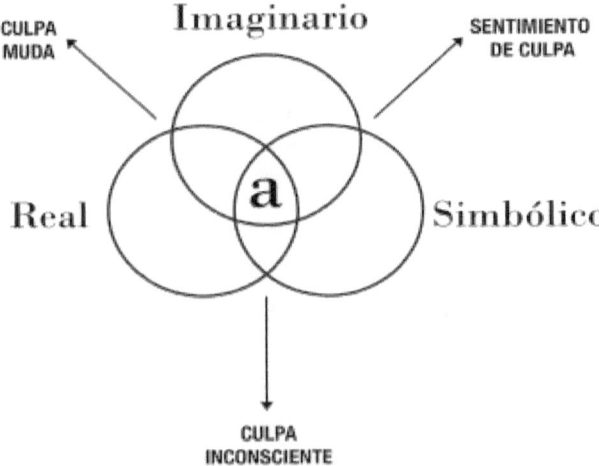

La culpa, categoría omnipresente, habla entonces del lazo del sujeto con el Otro. Cuando alguien que nos importa muere, se fragiliza la estructura fantasmática y el Otro como garante no puede disimular su oquedad (¡no hay garantías ante la muerte!). ¿Cuál será el lugar para la culpa?

> Culpa, llamado al Otro y demanda de perdón, pero también reproche y querella: Perdónanos porque te hemos perdonado, absuélvenos porque te hemos absuelto. Absolución que hace existir al Otro a costa del padecimiento del creyente. (Gerez -Ambertín, 2007, 268).

La culpa, *las quejas que son querellas*, refieren en Freud a cargar sobre sí las culpas del vacío que dejó el muerto. La sombra del objeto (Freud llama libido a la sombra del objeto) cae sobre el yo tomando la forma de culpa. Si esta puede articularse a la demanda y entrever la vacuidad del Otro (que tuvo el mal gusto de morir, y muchas veces de morir en la *flor de los pecados*, como el padre de Hamlet), la culpa *angosta* al yo. Esto refiere a la inhibición en el duelo: al sujeto no le interesa nada más que su luto. Pero puede ocurrir que la sombra del objeto *aplaste* al yo, aunque éste no lo sepa. No sólo en la melancolía (psicótica) sino en posibles melancolizaciones o duelos impedidos en la neurosis. Es probable que, más allá de las imaginarizaciones sobre los personajes que habitan "la cripta" de N. Abraham y M. Torok, su planteo estructural sirva para enriquecer lo que venimos desarrollando.

Hay pacientes que llegan a nuestros consultorios en posición de objeto, con serias perturbaciones en la demanda de amor. Sujetos que no saben a qué vienen, pero cuyas vidas están tomadas por torbellinos de actuaciones (*acting—out* y pasajes al acto). Muchas veces *desujetados* del Otro, cargan con un padecimiento que no logran significar. Desde esa posición o desde ese padecimiento se regodean en un goce que dificulta la transferencia y por supuesto no pueden entrar en el dispositivo analítico para "asociar libremente". Como diría N. Abraham, no tienen las herramientas para saber qué culpa cargan. En posición de objeto no hay sujeto que escuche.

Diana Rabinovich llama estos fenómenos "patologías del acto" (1989, 44). Son respuestas al horror ante la vacuidad del Otro que en este caso responden a culpas inconfesadas. Hay una cierta satisfacción a veces directa, visible, a la que no pueden renunciar, como adicciones, bulimia, drogas, actuaciones compulsivas.

La posición de objeto (desubjetivación) remite a que el sujeto no puede apelar al Otro. No hay síntomas ni sueños a interpretar. El fantasma está desenmarcado, por lo tanto la respuesta posible llega del lado del autoerotismo, de lo pulsional. Tiene que ver con la faz real de la culpa, llamada por Freud culpa de sangre o muda. Esta, ligada a lo pulsional, no permite la subjetivación de un duelo, pues para ello es preciso el reconocimiento del sujeto, que es poder traducir la culpa del Otro y la propia. Sobre este espinoso tema se desarrollará al final del capítulo un fragmento clínico.

Volvamos a culpa que puede anudarse o desanudarse del duelo. Se dijo ya que Lacan en el *Seminario 10* dice que amar es dar una falta (lo que no se tiene) a alguien que no lo es. Y cuando ese otro al que se ama muere, el sujeto acepta una regresión, volver sobre sus pasos, volverse más dependiente, más hijo, más culpable, antes que tolerar el desamparo. La piedad, formación reactiva de la crueldad, tiende su manto sobre la querella al muerto. Todo difunto es bueno, valiente, honrado, pulcro y lindo. Los brillos del bronce se hicieron para él. Esto porque lo que sostiene el lazo social es el objeto causa $\$◊a$ anudado al A y encubierto por i(*a*), la demanda. Cuando el disfraz que otorgan el amor y la escena fantasmática cae, el objeto *a*, uno de los nombres de la culpa en lo real, queda al descubierto.

El sujeto soporta mejor el sometimiento o el sacrificio que el hecho de que ese *a* pueda ser un vacío. Es preferible la suposición del puro goce del muerto —es decir, su efecto traumático—, que, sosteniendo un lazo y una gratitud, enterrarlo. Mas, como ya se dijo, el duelo va permitiendo un movimiento de separación con el fallecido y, por qué no decirlo, permite, a veces, tolerar sus faltas. "El duelo tiene una tarea psíquica bien precisa que cumplir; está destinado a desasir del muerto los recuerdos y expectativas del supérstite. Consumado ese trabajo, el dolor cede y, con él, el arrepentimiento y los reproches" (Freud, 1913, 71).

Mientras tanto, es inevitable el recorrido por los diversos rostros de la culpa: quejas, querellas, sentimientos de victimización, culpabilidad excesiva, trazos paranoicos, es decir, ruidosos sentimientos de culpa (en el registro imaginario) son preferibles al silencio que, seguramente, coaccionará a mudas muertes. Desde el sentimiento de culpa puede encontrarse un hilo (pobre, pero hebra al fin) para recorrer la culpa y el duelo hasta su posible subjetivación, es decir, hasta caminos donde el sujeto pueda reconstituirse. Es por eso que la función de lo público y de lo privado, desde los rituales y desde el tiempo del duelo, vienen a enmarcar y reconocer esas quejas y querellas, ese *estado* de *duelo*. Mientras ese estado dura, el deudo se regodea en el dolor y en la culpa, o en diversas actuaciones dedicadas a su muerto, pues son maneras de no desprenderse de él, aunque también sean el camino por el que la culpa pueda subjetivizarse, derivar en deuda simbólica y anudarse a la función subjetivante del duelo. Si esto no ocurre, podrá desencadenarse la voracidad cruel de la culpa muda, ligada al trauma y a la pulsión de muerte, coaccionando a lo peor.

4.2.— *Duelo, deuda y dis(culpa)*

Con la ley y el crimen comenzaba el hombre.

Lacan, 1950, 122.

En la carta a Filess N° 50, del 2 de noviembre de 1896 (Día de los muertos), Freud escribe:

> Por una de esas oscuras sendas que suele ocultar el telón de la conciencia oficial, la muerte del viejo (su padre, Jacobo Freud, había muerto a los 81 años) me ha afectado profundamente...
>
> Me siento ahora completamente desarraigado.
>
> Tengo que contarle un lindo sueño de la noche que siguió al entierro; estaba en un local y leía ahí un cartel: "Se ruega cerrar los ojos" (1899, 323).

Freud reconoce allí un doble sentido:

> Uno tiene que cumplir con su deber hacia el muerto. (Una disculpa, como si yo no lo hubiera hecho y necesitara indulgencia y un deber[6]). En el sueño emana,

---

[6]El doble sentido a que se hace referencia, es el siguiente: 1) el deber del hijo es cerrar los ojos al padre muerto: 2) se ruega cerrar los ojos (mostrar indulgencia) ante el hijo si este no cumplió con su deber en lo tocante a los funerales.

entonces, aquella inclinación al autorreproche que regularmente se instala en los supérstites (323).

Freud deslinda deber hacia el muerto, de disculpa y de autorreproche.

Gerez - Ambertín analiza este texto y afirma:

Disculpa del hijo por su anhelo de muerte del padre; pago ineludible del sujeto a la genealogía; bifurcación de culpa –deuda en el deudo que alude al pago posible y al resto imposible que deja cual marca la formulación que se plasmará años después como 'la roca viva de la Castración': La culpa en lo real es impagable y se refiere al deber de transitar por la falta misma del padre (2007, 36).

El sueño del hijo luego del entierro del padre anuda deuda genealógica (simbólica), culpa por el anhelo parricida (imaginaria) y angustia traumática (real). Son rostros de la culpa que pueden hacer del culpable un deudo (pálido delincuente que declara sus culpas, o, lo que es lo mismo, las sostienen en lo privado y en lo íntimo), un loco, un sujeto *actinizado* (por la ostentación impúdica de sus autorreproches: lo que debiera ser íntimo se ostenta) o un criminal (por sus silencios inmisericordes: en este caso, lo íntimo queda vacío o en absoluta ajenidad).

El deudo Freud sueña y escribe, mantiene la demanda al Otro aun a costa de cargar con las faltas del muerto. Anuda demanda, amor y falta con lo que envuelve y a la vez muestra lo real del trauma y del desamparo. Reconoce el anhelo parricida, pinta con el brillo del amor la extrema vulnerabilidad del padre y sostiene un lazo aún con el muerto (a quien disculpa dis—*culpándose*) y con el prójimo a quien dirige la demanda: Fliess. Sin embargo, no oculta su completo desarraigo. Así, la articulación simbólica (falta), imaginaria (demanda) y real (angustia) de la culpa hacen del supérstite un deudo que porta una deuda subjetivada. La demanda articula lo público (la demanda se dirige afuera), lo privado (la posibilidad de acercarse al muerto vía el amor y la culpa) y lo íntimo (lo recóndito de su deuda): todos remiten al desamparo.

Es importante volver a mostrar la dimensión ética del duelo subjetivado que anuda lo público, lo privado y lo íntimo; esto reubica la falta y la posición deseante del sujeto. Si el deudo logra soportar con dignidad el vacío y sin embargo envolverlo con su deuda simbólico—imaginaria, podrá hablar de ella, llorar por ella, pero también, como Freud, cerrar los ojos al muerto –soportando el *"desarraigo"*—; ser *su* deudo y ubicarse en un lazo filiatorio y genealógico con el muerto. Pero si no soporta el necesario desamparo al que la muerte lo confronta, esos ojos podrán quedar vivos repitiendo el horror del trauma y del autorreproche, tentando al sobreviviente a una deuda insaldable: es la culpa en lo real, que no lo deja como deudo (pálido delincuente) sino —ya como víctima, ya como victimario—, merced al goce del Otro.

4.3.— *La operación del duelo: culpa y sacrificio*

En el capítulo anterior se planteó el duelo como una operación que va enmascarando lo real de la muerte y se afirmó que supone una gran fragilidad en el deudo por la estocada que sufre el fantasma. El aporte ahora será pensar que el duelo es una operación de separación que no se hace *a secas*, como plantea Allouch, sino que precisa un tiempo de aproximación al objeto que ha perdido sus galas narcisísticas, es decir, al objeto causa que ha quedado desencausado, desvestido, descubierto en el fantasma. Freud afirma, como se dijo, que en este tiempo la sombra del objeto (investimento narcisístico) cae. Se plantea en este libro que cae tomando la forma de culpa simbólico—imaginaria, si el sujeto puede amarrarse a ella. Pero ante la muerte de alguien que produzca la reacción que es el duelo, el sujeto va a confrontarse al requerimiento pulsional y puede ser aplastado o chupado por él si no logra poner a hablar su duelo y su culpa. Porque el duelo admite una operación de separación, pero requiere previamente la aproximación (alienación) al objeto de la pulsión; luego, vuelta a vuelta, queja a queja, llanto a llanto, irá produciéndose la necesaria separación que —se insiste— siempre dejará un resto inconsolable. Esas quejas, esos llantos y los frecuentes *acting - out* que acompañan al duelo son modos culpables de ofrecer un desagravio por la fechoría de ser el sobreviviente y de haber deseado —aun inconscientemente— esa muerte.

El sostén con el que se soporta el abismo de la muerte, el necesario *despegue* y, al mismo tiempo, la tentación a irse por el agujero del trauma es, entonces, la culpa (en la intersección imaginario— simbólica), motor de las quejas, las querellas, los lamentos y las autoacusaciones, pero también de todo lo escatológico: cuidado de tumbas, visitas al lugar donde se esparcieron las cenizas, ofrendas, oraciones, en fin, todo lo que hace a la *fetichización* del muerto. Con ello se bordea, imaginariamente, el horror de la falta de garantías de la vida.

Si el Otro Social le reconoce el duelo, el deudo soporta mejor —en lo privado— la locura doliente por la aproximación a un objeto que ya no es objeto investido. Los rituales están allí para sostener al sujeto que queda desencausado. En tanto el fantasma desfallece, lo público aporta el marco de las liturgias para armar algún sistema simbólico—imaginario que permita registrar las deudas de uno y otro: ofreciendo lágrimas, sufrimientos, actuaciones —pero también cánticos, oraciones y palabras— se reinstala la demanda aun en los relatos minuciosos con los que se intenta cernir lo real, que es uno de los rostros del síntoma, pero también del *acting - out* en la hora de la muerte. El duelo no es tal si no es narrado pormenorizadamente junto con las vicisitudes íntimas y secretas del deudo.

En síntesis: el duelo subjetivizado implica la posibilidad de interrogar el lazo con el muerto, de contabilizar el "debe" y "el haber" con el que se ha ido. El sujeto se encuentra en este caso abonado a su duelo en una ligadura filiatoria al muerto como ancestro.

Dice Néstor Braunstein:

> La palabra crimen significaba, en latín, *separar, cribar, escoger (el buen grano)* y luego, metafóricamente, se transformó en *discernir, distinguir, interpretar, juzgar.* En sentido original, persiste en vocablos como *discriminar* que es *discernir*, mientras que *recriminar* e *incriminar*, significan *acusar*. Recordar y olvidar, *memolvidar*, es un trabajo de *discriminación* de discernimiento, de cribado... Guiados por el pan del futuro, seleccionamos, del infinito pasado, las semillas que llamamos *recuerdos*. (Braunstein, 2009,37).

Solo discriminando, contabilizando las faltas de uno y del otro, del deudo y del muerto, podrá atravesarse la operación subjetivada del duelo. Por esto el duelo no solo sostiene el pacto con el que se ha ido, sino con los que vendrán y con todo el tejido social.

4.4.— Un duelo imposible: Mayti

En la viñeta que se desarrolla a continuación se verán los efectos en la clínica de un duelo imposibilitado, en el que no hubo juicio ni la sanción del crimen de una hermana porque el secuestro y el asesinato se cometieron durante la dictadura de los años 70 en Argentina. En esa época de impunidad, el poder (y la Justicia, a la que recurrieron los familiares), funcionaba de modo caprichoso en manos de unos pocos.

Mayti era una joven de menos de 20 años por la que consulta su familia. Ella viene, no sabe bien a qué. Su mirada vacía, casi sin expresión, se dirige a nadie. Sus palabras desvestidas de entonación dicen: "Estoy aquí porque soy adicta al sexo". Medicada, su hablar se torna duro, pastoso. Pregunto: ¿Y qué quiere decir eso? Me dice: "Que cuando estoy con un hombre, no puedo decir que no".

Relata en forma monocorde cada encuentro con hombres (varios por día, en distintos barrios y hasta ciudades) y por supuesto las situaciones de violencia a las que se somete sin registrarlo. En su decir a veces aparece algún término extraño, bizarro. Como si se esforzara para adecuar una palabra a su discurso vacío. Como si el significante viniera a tapar un hueco en la significación, pero resulta incomprensible o raro para el que escucha. La aparición de estos términos lleva a extremar la cautela del analista por la sospecha de lo que Lacan llama *neologismos*, que aparecen allí en el vacío de la psicosis. Con recaudo, continúo escuchando.

Mis cautelosas intervenciones intentan sopesar si es posible la aparición de un sujeto —tal vez Mayti pudiera apropiarse de algún saber— y si su actuar compulsivo, automático, puede virar a instalar alguna pregunta y alguna diferencia entre un acto y otro. "¿Este es el rubio, el que usa arito?" "¿Cómo es el apodo de éste?" "¿Cómo era el lugar a donde fuiste?" "¿En esa casa estaba la madre?" Los relatos continúan en una metonimia de nombres, lugares y encuentros que trata de condimentar con detalles que sitúen una diferencia entre relato y relato.

En algún momento, sorprendida, me dice: "¿Sabe que cuando termino de tener sexo siempre pregunto lo mismo? ¡Siempre pregunto si conocen la historia de mi hermana!" La repetida –siempre *casi* igual— pregunta al otro era sobre una historia de desaparición que había ocurrido –como otras 30.000— hacía más de 30 años. De cada hombre con el que comparte el lecho espera escuchar una historia, la de su hermana detenida y asesinada.

Mayti nació un año después del secuestro de su hermana mayor durante la dictadura argentina. Los padres, como tantos otros, habían recurrido a la Iglesia, a la Justicia, a los militares que estaban en el gobierno, a las embajadas. Habían viajado adonde pudiera haber una esperanza de saber algo de su hija. Sólo supieron que estaba detenida y también, por otras vías, que era violada por sus torturadores. Alguien les dijo alguna vez que no la buscaran más.

Todo esto pudo ser reconstruido cuando Mayti comienza a hablar y a preguntar a los familiares, a investigar datos, no ya en los hombres sino en documentos, testimonios, diarios, retazos de palabras de familiares.

Pero interrogarse acerca de si lo que buscaba en cada hombre era un pedazo de esa historia que había sido silenciada por dolor, por miedo, esa historia que sus padres llevaron a la tumba – y que llevó a los padres a la tumba— no es lo mismo que ser "adicta al sexo". En un caso hay una pregunta. En otro, una respuesta, pero en acto: ella es una cosa abusada; alguien que está con un hombre sólo porque no puede decir que no y que precisa de anti—impulsivos para "frenar" (lo que no frenaba nada) su compulsión a ofrecerse, empujada por una culpa ajena, desconocida, a ser objeto del goce de cualquiera. En un caso hay un sujeto que supone un saber a su vida interior –porque empieza a haber vida íntima, no todo se actúa en el exterior—, alguien que se ubica en una filiación, en un lazo genealógico, que reconoce ser hermana de una desaparecida y que puede ir armando las pregunta ¿Cómo murió? ¿Cuándo la mataron? En otro caso, la culpa en lo real compulsa, impone (imperativamente, impulsivamente, coactivamente) una respuesta: *Soy* mi hermana, una puta que merece ser abusada y asesinada.

El sujeto es un enigma que hay que descifrar por ser producto de las historias, de los mitos, de los deseos de otros, pero también de los pecados, de los males, de lo oculto en la generación de los antecesores. Sin embargo, ser efecto de esas palabras, deseos, silencios y males no exime al sujeto de la responsabilidad por apropiarse de ellos o por enloquecer por ellos; de subjetivarse o desubjetivarse.

Los padres de Mayti, desesperados por el secuestro de su hija mayor, hicieron todo para encontrarla. "Todo" era recurrir al poder nacional o internacional del momento. Sólo consiguieron saber sobre el lugar de detención y sobre las violaciones. Tiempo después les entregaron el cadáver. No participaron del pedido de justicia que realizaron otros padres por las vías de los organismos de DDHH. Ambos murieron sin poder enjuiciar al poder como sí lo hicieron las madres y las abuelas de Plaza de Mayo.

Esa cuna de dolor esperó a Mayti. Ella cree que vino a este mundo a dar alguna esperanza a sus papás. Fracasada esperanza: el amor de los padres por Mayti no fue suficiente para amarrarlos a la vida.

¿Cómo ser una mujer si serlo significa ser una *desaparecida-puta*, pasible de ser torturada, violada, asesinada? El secuestro y el posterior asesinato de su hermana, sin intervención judicial, dejó la culpa del lado de la mujer cuando la sexualidad comenzó a asomar.

Mayti no podía *separar, cribar, escoger, discernir, distinguir, interpretar, juzgar*, como describe Braunstein. Hizo falta para eso la transferencia como pivote del pasaje de lo impulsivo de la necesidad de castigo a la posibilidad de la falta que la anudara a una genealogía. Pudo ir construyendo su historia, conjeturada, pero al fin y al cabo propia, con las historias de otros, para relatarla una vez y otra, deshojando enigmas y pesares.

CAPÍTULO V

Culpa y Ritual

Nudo en la garganta. Mi desgarradura se activa al hacer una taza de té, un pedazo de carta, al poner en su sitio un objeto –como si, cosa horrible, yo gozara del departamento arreglado—, "para mí", pero ese goce se pega a mi desesperación.

Barthes, 2009, 45.

5.1.— *Culpa y ritos en* Tótem y tabú, *"De guerra y de muerte" y "La transitoriedad"*

Sería útil e interesante entrecruzar los conceptos que Freud vierte en *Tótem y Tabú* escrito un año antes de la primera gran guerra, con sus ideas en "De guerra y muerte. Temas de Actualidad" y "La Transitoriedad", ambos escritos durante el conflicto armado. En el primer trabajo plantea el surgimiento mítico del padre como ley y como nombre en la humanidad, y con él la construcción del lenguaje y del mundo simbólico en el humano. El duelo como subjetivación de la muerte de un semejante surge anudado al lenguaje, como efecto de la inscripción de la ley que prohíbe el crimen primordial. La paradoja es que en el mismo momento en que se instala la ley (no matarás) por los caminos de la culpa y del duelo, eso prohibido señala el camino a la tentación de gozar la reiteración del crimen. De allí las dificultades en el duelo y la importancia que Freud da tanto a la función del rito como a su fracaso. En el segundo texto plantea lo que llama el *cambio de actitud ante la muerte*, tema que retoma en "La Transitoriedad".

Conviene recordar: en *Tótem y Tabú* el maestro propone el origen mítico de la humanidad en el momento mismo en que el asesinato del *Ur—Vater* es reconocido como tal. Arrepentimiento, culpa común de los hermanos (lo que hace lazo social), obediencia con efecto retardado, añoranza al padre, duelo y la ambivalencia de los sentimientos han sido planteados como estructurantes de la subjetividad humana. Se mata el antes—del—padre, pero la subjetivación del homicidio por la culpa y el duelo lo convierten en Tótem, es decir, en Nombre (lo que nomina al clan). "Pero no todo en la culpa es amor; es también odio al poder del padre asesinado y temor a su venganza, es decir, a la retaliación" (Gerez – Ambertín, 2007, 52), por anhelar el crimen. Y porque no toda la culpa es amor; su costado traumático, que no deja de asediar a la subjetividad, produce la dimisión del deseo y rompe, consecuentemente, los lazos simbólicos. Por un lado, entonces, la demanda amorosa sostiene al padre; por otro, la tentación a reiterar el asesinato acosa a la subjetividad. Esboza así Freud el camino para lo que llamará más precisamente trabajo del inconsciente y coacción a la repetición. Lo regulado por el principio del placer y lo desregulado que refiere al más allá del principio del placer.

Con el aporte de la antropología avanza en una de sus teorizaciones sobre el duelo: analiza el valor de los rituales y de la contabilización de las sanciones en torno del agujero que produce la muerte. Porque cada muerte revivirá la ambivalencia o escisión estructural de cada sujeto, y, como Jano o el Vizconde Demediado, de Calvino, veneración y aborrecimientose escriben en el mismo trazo de pluma. Al extinto se lo llora pero también se goza con su muerte (aun sin saberlo), pues en cada muerto querido mora un enemigo.

Afirma Gerez - Ambertín:

> Si es necesario renovar el pacto en la fiesta y el duelo es porque *no—todo—el—padre—terrible* quedó hecho sistema: su envés y el temor por su retorno son agujeros en la ley por donde se filtran tanto la

identificación al padre por incorporación como el redoblamiento de la prohibición de matar que puede derivar en un imperativo de dirección contraria (2007, 53).

Parafraseando este texto, se podría afirmar que si es necesario renovar el pacto en los rituales (fiesta y duelo), es porque no—todo—el—muerto fue enterrado: su envés y el temor a su retorno son agujeros en la ley por donde se filtran la culpa y la tentación a gozar de su muerte.

Es preciso, entonces, el trenzado de culpa, duelo y rituales ante el agujero de la muerte, pues de este modo la culpa —llamada tabú en el texto freudiano— se engarza al sistema simbólico y entra en una posible contabilización fálica. Así también, por la estructural ambivalencia o división del sujeto, la culpa podrá desanudarse del sistema —llamada por Freud culpa muda o de sangre—y castigar desde sí misma.

Ya se explicó que las categorías de lo público, lo privado y lo íntimo contribuyen a lo que se plantea: cuando la muerte produce el temblor en la estructura subjetiva —eso que Lacan llama privación (agujero en lo real) en el *Seminario 6, El deseo y su interpretación*, y conmoción en fantasma en el *10, La angustia*, (ligado al trauma)— actos públicos y privados permiten, a veces, que en lo íntimo la tentación parricida y la culpa concomitante se reconozcan, pues el ritual tiene la función de enmarcar al sujeto que se desarma en el goce y darle la distancia fecunda que permite el reconocimiento de la culpa y del duelo (que en su versión real no tiene rostro, es solo impulso, pulsión, objeto *a*, atenta ora contra otro, ora contra el sujeto, como se vio en el caso Mayti o en el caso Tommy). Así, culpa y duelo podrán tomar el estatuto de falta o de deuda simbólica, de deuda reconocida, y permitirán pagar por ello un don simbólico. Eso está muy claro en *Tótem y Tabú*. Freud postula también el pago de algún don ritualizado como ofrenda de desagravio al espíritu del fallecido. Marta Gerez -

Ambertín dedica un libro a las deudas y a las culpas abonadas en sacrificios y ahorros sacrificiales (2008).

Pero los términos cambian para Freud cuando escribe "De Guerra y de muerte, temas de actualidad". Allí se lo lee desgarrado, envuelto en el torbellino bélico; es un Freud que *no vislumbra futuro*. Afirma:

> Creemos poder decir que nunca antes un acontecimiento había destruido tanto del costoso patrimonio de la humanidad, ni había arrojado en la confusión a tantas de las más claras inteligencias, ni echado tan por tierra los valores superiores. Hasta la ciencia ha perdido su imparcialidad exenta de pasiones. Sus servidores, enconados hasta sus últimas fibras, buscan arrancarle armas para contribuir a la derrota del enemigo. El antropólogo tiene que declarar inferior y degenerado al oponente, y el psiquiatra, proclamar el diagnóstico de su enfermedad mental o anímica (277).

En un enunciado dramático, reconoce:

> La guerra, en la que no quisimos creer, ha estallado ahora y trajo consigo la desilusión. No sólo es más sangrienta y devastadora que cualquiera de las guerras anteriores, y ello a causa de las poderosas y perfeccionadas armas ofensivas y defensivas, sino que es por lo menos tan cruel, tan encarnizada y tan inmisericorde como ellas. (…) Arrasa todo cuanto se interpone a su paso, con furia ciega, **como si tras ella no hubiera un porvenir** ni paz alguna entre los hombres (280, las negritas pertenecen a la autora).

En *Tótem y tabú* Freud abre las puertas a pensar la tríada duelo—culpa—lazo social engarzada al sistema y la combinación parricidio—retaliación—culpa de sangre desengarzada del sistema. En

"De guerra y de muerte" enfatiza el horror sacrificial en la humanidad, no duda en afirmar que la historia "es una seguidilla de matanzas de pueblos" y retoma lo planteado en *Tótem y Tabú*, como "oscuro sentimiento de culpa que asedia a la humanidad (…) un pecado original, es probablemente la expresión de una culpa de sangre que la humanidad primordial ha echado sobre sus espaldas" (293). Dice también que en tiempos de paz y sostenimiento de pactos simbólicos el sujeto no computa la muerte en el cálculo de la vida; sin embargo, muchas veces aun desde esa incertidumbre se cuida e inhibe acciones que podrían arriesgar tanto la vida propia como la de sus seres queridos. Podríamos aportar que el sujeto no computa *conscientemente* la muerte en el cálculo de la vida, pero aún así sostiene un lazo con la castración y con la prohibición, y transita por las vías sustitutivas de la neurosis cargando sobre sí las dudas y los enigmas que la vida le presenta.

En tiempos de guerra la muerte no se deja desmentir (porque explota a cada paso); sin embargo, como recurso para cerrar los ojos al horror que suscita el trauma de la guerra, se vive acosado por las pasiones que, como embudo, coaccionan a dejarse chupar por el agujero de la muerte —propia o ajena—. Su desmentida toma el camino del ofrecimiento sacrificial. Pero hay algunos que, computando la muerte en el cálculo de la vida, no se dejan arrasar por esa tentación y apuestan al deseo, a pesar del dolor. Un ejemplo es Freud, quien durante la contienda produjo nuevos conceptos importantísimos para pensar la clínica y la vida misma. Otro, como se dijo, Primo Levi, quien en el campo de concentración no desmiente el horror y vive para escribir lo que allí ocurría.

Así, el duelo como enigma, aquel que permite la separación aunque se regodea en la satisfacción de la crueldad pulsional, es esbozado en "De guerra y de muerte" y en "La transitoriedad". Pero allí habla también de la "revuelta anímica contra el duelo que desvaloriza el placer de lo bello" (310) —y coacciona al sacrificio, habría que decir—. Revuelta anímica —desmentida a la muerte— en la guerra que se cuece en el caldo de la culpa en lo real y tienta a las masas a precipitarse en el agujero negro de la muerte. La vida propia y la del otro carecen de valor. El anhelo parricida (u homicida) pierde el estatuto de fantasía y toma el rostro de crueldad (imputada al destino, a la vida, a la enfermedad, a la patria del otro, a la patria propia, a algún orden tiránico, siempre, siempre, a algún padre). Es no querer saber del duelo. Tanto, que se puede "preferir" lo que Freud y Lacan llaman regresión: la dimisión deseante. Abandonarse, o incluso irse con el muerto. Si seguir viviendo implica soportar el vacío que dejó la muerte y, aún así, o, justamente por eso, amar la vida, la regresión es ofrecer la vida –o el valor de la vida— a algún dios (aunque sea en una versión de pura crueldad) para seguir teniendo un lugar como hijo suyo. Justamente, la crueldad de las guerras mundiales, tecnificadas y científicas, fue reduciendo la posibilidad del reconocimiento público, privado e íntimo de la muerte.

Casi no hay lugar para "el costado minucioso, detallado, de la rememoración del duelo, en lo relativo a todo lo que fue vivido del vínculo con el objeto amado" (*Seminario 10, 362*), que Lacan llama *acting - out*, porque aún se sostiene el sujeto y su lazo con el Otro. ¿Cuál es el lugar, entonces para la función del $-\varphi$ (todo aquello que se hace donde prima lo imaginario, pero tiene aún amarre en lo simbólico, y que por lo general se guarda en privado) cuya función, dice Lacan, es mantener los vínculos de donde el deseo está suspendido? Dada la precariedad de la subjetividad en las guerras, el desamparo simbólico que producen, ¿a quién se dirige el dolor? ¿Cómo se representa? ¿Cómo figurar lo perdido? Freud en estos textos habla de la alucinación y de los demonios como espectros. El costado imaginario intenta una cobertura de lo real. Se alucina al muerto por el lado del $-\varphi$, se fetichizan sus pertenencias (otro modo imaginario de conservar un tiempo de duelo), pero los demonios coaccionan allí donde $-\varphi$ fracasa. El superyó como espectro viene a clamar venganza.

Freud articula demonios y espectros a culpa y venganza. Rabinovich, en su libro La angustia y el deseo del Otro, los vincula con la suspensión de la escena fantasmática que produce una rasgadura en la demanda, montada sobre el ideal. Así, la pulsión escópica consigue disfrazarse con un tenue velo: la alucinación. Sostiene:

> En tanto *a* es un imposible, un real indecible, la manera en que un sujeto pueda acceder al deseo es a través de la imagen. El deseo tiene una estructura de señuelo, de disfraz. Tiene que articularse a la demanda. De alguna forma logra causar el deseo del Otro invistiéndose de lo que supone especial para el Otro (1993, 18).

Cuando ese otro muere, conmociona el fantasma (deseo y goce) y la demanda en relación con el ideal.

¿De qué manera se puede investir el agujero que dejó aquel que no está, sino de coberturas imaginarias? Estas pueden ir enmarcándose en algún sistema ritual durante el tiempo del duelo y entonces ocurre, por ejemplo, que el deudo escucha o ve al muerto, cosa que hasta se incluye en mitos y hasta chanzas familiares. Muchas veces también guarda como verdaderos tesoros objetos que le pertenecieron; En ambos casos es claro el tinte imaginario que se le da al objeto que quedó sin maquillaje con la muerte, y, así, con esta cobertura, es posible para el deudo enlazarse al muerto. Pero puede ser también que lo traumático no logre velarse y la culpa en su dimensión de sangre se desengarce del sistema. Entonces, detrás de la cobertura imaginaria coacciona casi un puro real, lo que Freud llama culpa muda o venganza del muerto. En este caso, el resto vivo, el superyó en su vertiente pulsional, acosa al deudo; es lo *unheimlich*: alucinaciones, pesadillas, ideas delirantes, expectativas de castigo. Angustia y culpa impiden la pacificación del deudo.

5.2.— *Nélida: un duelo imposibilitado*

> La transmisión… no puede hacerse sobre el olvido de los crímenes y de los muertos. Los funerales separan a los vivos de los muertos y permiten a los vivos vivir sin ser obsesionados por sus fantasmas.
>
> Guyomard, 1997, 30.

5.2.1.— El caso:

Nélida es una joven mujer casada, que llega –deshilachada— al consultorio de la analista luego de un intento de suicidio. Un Día de la Madre escribe una carta para la suya y la guarda cuidadosamente junto al regalo; envuelve ambos con una hermosa cinta brillante. Luego toma psicofármacos suficientes como para asegurar su muerte. Cantidad y calidad que ella conoce muy bien dados sus avanzados estudios de Medicina. Pero el diablo sabe por diablo, y el azar, por viejo. Algo falla en este cálculo y no muere. Dos días después consulta. Viene aún intoxicada, mareada, tambaleante, acompañada por su madre. Hasta ese día, ni la madre, ni el marido, ni el médico al que Nélida concurre sola habían hecho nada por salvarla.

Ella dice que salió con el auto a un hospital (el médico no le creyó, por lo que no intervino). En el transcurso chocó –por supuesto— y lo que la preocupa es haber puesto en riesgo la vida de otras personas, no la suya.

Su madre sólo dice: "Tiene derecho a elegir su muerte".

¿Qué hacer con este goce insoportable?

Sin embargo, alguna declaración culpable se esbozaba: "Me horroricé cuando choqué. Pensé que habría podido matar a gente inocente".

Aquí, inevitablemente, la pregunta: ¿Quiénes no son inocentes? ¿Quiénes los culpables? ¿Cuál la culpa?

Imposible no responder, con Freud, que si el pago de esa culpa deberá hacerse con sangre, el pecado habrá sido un homicidio del que Nélida no es inocente. Así comienza su análisis: declarándose culpable por lo que podría haber hecho a otro.

5.2.2.— 1er. momento:

Nélida trabaja en un lugar que la angustia. Ese trabajo no fue su elección; su madre lo decidió por ella, como decide todo (o casi todo). La convenció. "En algo tenía que trabajar". Cabe decir que la madre había sido directiva de ese sitio.

Nélida no puede hablar en ese lugar. Muchas veces "no le sale la voz para hacer los pedidos".

Llama a su madre "La Sabelotodo", a la vez que dice "la amo".

La palabra de la madre es incuestionable, tanto que no parecía desatinado pensar un diagnóstico de psicosis y una *folie á deux*. Nélida está casada y tiene un hijo pequeño. La madre intervino en su matrimonio y, por supuesto, lo hace en la crianza de su hijo. Es la dueña de todo: de la casa, del auto (que está a nombre de la madre, no del marido), del dinero, de su vida y de su muerte. De todo.

Siempre está con Nélida. Cuchichean, arman intrigas. El mundo parece ser solo el mundo de ellas.

Nélida trae un sueño a una de las primeras entrevistas: "La analista, desnuda, acostada en el diván, le hace un gesto llamándola". Menudo lugar que la analista no debía sostener: ni ser sabelotodo, ni "dejarse amar", ni "amarla" en este "amor" que de faltas, faltaba.

Entre la cascada de quejas e injurias contra el marido, relata que se casó enamorada. De su boda casi sin rituales, participó un "convidado de piedra": su padre muerto —muerto aun en vida— estaba allí. Ella lo vio con claridad, apoyado en una puerta.

Dice no sentir nada por su muerte, ni haberlo sentido –casi— antes. (Luego dirá que sí fue mucho sufrimiento, que quedó tapado por la muerte de un hermano, muy poco tiempo después).

Convidado de piedra desde siempre, este padre queda excluido de una escena en su recuerdo. Sólo incluido desde su mirada, a través de una ventana: testigo de cómo ella y su madre cuchichean, intrigan en su contra.

5.2.3.— 2º Momento:

De su deshilachada novela:

Nélida es la mayor de varios hermanos. Uno de ellos, Juan, dos años menor, nació con una deficiencia renal. Lo traumático de esta enfermedad fue una constante. Muchas veces tuvo que salvarle la vida, ya que sus padres salían a trabajar y ella quedaba a cargo de sus hermanos. Entre los flecos de su novela relata escenas de pánico por su sangrante hermano y de soledad por los viajes de su madre con este, así como la cobardía de su padre, que corría a refugiarse —en cada episodio— en casa de amigos, dejando solos a los hijos.

La madre viajaba con Juan a la capital. Luego de cada internación continuaba un paseo por la ciudad. A veces, ella "volaba" a acompañarlos.

Juan necesitó diálisis y luego, un trasplante. La madre de Nélida recurrió a "a cualquier cosa" para salvarle la vida. Así, tuvo "negocios" con el médico que atendía a Juan, quien le dio dinero para el tratamiento que él mismo cobraría.

Ni los viajes que culminaban en paseos, ni los "tratos" con el médico logran castrar imaginariamente a la madre, que sigue siendo para Nélida "hermafrodita": ni varón, ni mujer. Amada y temida. Otro del goce que avasalla. Entre esta madre—toda y la impotencia del padre, Nélida no pude "dibujarse" un lugar ni como madre, ni como profesional, ni como mujer.

Su padre, ese "pobre tipo" que no sabía cobrar sus deudas (ni a sus clientes, ni a su mujer) dona un riñón para Juan. Al año siguiente, muere a causa de una grave enfermedad.

Nélida recuerda que un día antes de la muerte del padre, ella estaba estudiando, y que él le pidió algo. Ella le gritó que la dejara estudiar y no lo ayudó. Él se levantó y cayó. Al día siguiente murió.

Nélida sólo dice: "Yo no sabía que estaba tan grave, ni que tenía cáncer". No tiene otro sentimiento.

Su hermano Juan comienza a rechazar el riñón. Poco después, muere también.

Nélida manifiesta dolor por la muerte de su hermano. La del padre no le convoca nada.

Freud, en *Tótem y tabú*, dice:

"La muerte del prójimo es subjetivizada como un crimen o como un suicidio"(67)

"Para el pensar inconsciente, también el que murió de muerte natural fue asesinado; los deseos malignos lo mataron"(67). La muerte de este padre quedó inscripta como un asesinato del que Nélida es artífice y cómplice.

5.2.4.— 3er. Momento.

Contabilizar las deudas

Como efecto de su análisis, Nélida hace un movimiento: comienza a contabilizar las deudas con su progenitora, número por número, peso por peso.

Compra un celular, para que esta no escuche sus conversaciones.

Se las ingenia para conseguir dinero con trabajos esporádicos para mantener a su hijo y a su marido. Ella es poderosa. Él, un mantenido.

Diferencia su dinero del de su madre, busca quién cuide a su hijito, se interroga acerca del cambio de titularidad de su auto, que tiene para ella mucho valor. Hasta entonces, había estado allí como objeto en transición entre ella y la madre.

Abre una cuenta bancaria a su nombre. Por primera vez, su madre ignora algo de ella. Así conoce a Pedro, quien, abandonado por su mujer, está sufriendo.

Se desata en ella un amor pasional.

El exceso y la falta de bordes, de semi—decir en esta relación, y sus actuaciones, son casi obscenos. Aquí la posición de la analista fue intervenir con algunas condiciones, a fin de detener los *acting-out* que ponían en riesgo su vida y la de su hijo.

Sin embargo Pedro es un intento de "engañar" a la "sabelotodo". Tenue sustitución, con la que hace algún borde a esa mirada que todo ve y a esas orejas que todo escuchan.

Pregunto qué es lo que ama tanto en Pedro; cuál es su brillo. Sólo contesta: "Nacido el 4 de julio". Ante la sorpresa de la analista, agrega: es la fecha en que nació mi papá. No fui al cementerio, fue su aniversario.

Llora de manera inconsolable. "Merezco algún descanso, alguna intimidad", dice.

5.2.5.— Conclusión:

Freud postula en *Tótem y tabú* la siguiente hipótesis sobre la relación con los muertos:

> Por eso se tendía a enterrar a los muertos en islas, se los llevaba a la otra orilla del río; de ahí las expresiones 'más acá' y 'más allá'. Un posterior atemperamiento ha limitado la malignidad de los muertos a aquellas categorías a las que no podía menos que atribuirse un derecho particular al rencor –como los asesinados que persiguen a sus asesinos en forma de espíritus malignos— (65).

El padre de Nélida, "convidado de piedra", muerto vivo, asesinado—asesino, retorna, en los comienzos de este análisis, a cobrar una deuda que él mismo no pudo saldar, y que sólo podría pagarse con otra vida.

"Nacido el 4 de julio" es el resultado de un intento de escribir un epitafio en su tumba, un primer trazo de la escritura de un nombre en su sepultura.

Aún no desde el amor, sino desde la pasión, como la describe J. Hassoun: "Ella –la pasión— afirma, reivindica, allí donde el melancólico sufre; ella arde y se consume, allí donde el melancólico remueve tristemente las cenizas de sus fracasos y sus imposibilidades" (1996, 54).

De lo que se trataba era de hacer pasar la pasión al *logos*. Que el nacido el 4 de julio se entretejiera en la cadena significante y anudara la culpa en lo real a la posibilidad del trabajo del inconsciente.

CAPÍTULO VI

"Duelo y melancolía": una lectura posible

Cosa rara, su voz que conocía tan bien, de la que se dice que es el grano mismo del recuerdo ("la querida inflexión..."), no la oigo. Como una sordera localizada...

Barthes, 2009, 24.

6.1.— "Introducción al Narcisismo": un tejido epistemológico para el duelo

En 1914 "Introducción al Narcisismo" incluye un concepto que cambiaría para siempre la episteme freudiana. Freud se permitió, en medio del horror de una de las guerras más sangrientas, aportar las nociones de autoerotismo, amor objetal, narcisismo primario y narcisismo secundario, identificaciones, nuevo acto psíquico (la conformación del yo) y la valiosísima idea de conciencia moral, además de abrir las puertas al segundo dualismo pulsional que alimentará la noción del superyó por el camino que se trazará luego de "Más allá del Principio del Placer". El entramado de ideas que desarrolla permite avanzar en la teorización y en la clínica del duelo justamente en 1914, cuando por primera vez en la historia de Occidente los rituales sobre la muerte se apagaban, y la muerte y el duelo se transitaban en soledad, sin ceremonias. La catástrofe fue devastadora. Todo sistema lingüístico y social que demarcarara la muerte, al muerto y al deudo había declinado su valor. Seguramente con este panorama se confrontó Freud en su consultorio desde 1914: el duelo en soledad, sin ritos y hasta sin cadáveres. Sujetos arrasados por la angustia le llevaron psicosis alucinatorias, reproches obsesivos o la crueldad de la autopunición, que le permitieron esbozar la ferocidad del superyó. Pero en definitiva, Freud era testigo del pasaje de lo que llamó "duelo normal", acompañado hasta entonces por el Otro Social, a ese duelo que denominó "patológico": pesaroso, obsesivo, melancólico, es decir, los diferentes modos en que la crueldad se dirigía al sujeto sin el recurso del Otro, en tanto ese Otro como sistema había devenido anómico.[7] Seguramente el psicoanálisis intentaba armar algo allí. ¿Cómo poder significar la pérdida? Con esa devaluación de los pactos simbólicos, ¿cómo contabilizarla?

En 1914 la teoría freudiana hace un verdadero avance epistemológico. "Introducción al Narcisismo" es la primera puntada de lo que serán sus trabajos sobre metapsicología: "Pulsiones y destinos de pulsión" (1915), "La represión" (1915), "Lo inconsciente" (1915), "Complemento metapsicológico a la doctrina de los sueños" (1915) y "Duelo y melancolía". Desde esa trama teórico—clínica que esboza un camino al concepto de superyó como heredero del ello y del complejo de Edipo, es posible pensar por qué el duelo no puede encorsetarse en las categorías binarias "normal—anormal". Es que "Duelo y melancolía" no es un trabajo acabado, sino un paso, una vía para transitar el enigma del duelo.

Freud aporta la noción del yo (lo imaginario enmarcado por lo simbólico) como ficción unificante y lo llama *nuevo acto psíquico*. Y así como el deseo del sujeto está en relación con el deseo del Otro, es necesario pensar que el yo también es resultado de su mirada amorosa. La ficción unificante del yo va a producirse porque hay alguien que

---

[7] Se toma el concepto de anomía de la Sociología. Para Durkheim, la anomia es un estado de sociedad en el que los valores tradicionales han dejado de tener autoridad, mientras que los nuevos ideales, objetivos y normas todavía carecen de fuerza. (Durheim, Emile: 2003:XV)

mira, cuida, habla y espera al niño que adviene, y esa mirada tejida con palabras y deseos presta un espejo que le permitirá, más temprano que tarde, reconocerse con júbilo: "ese soy yo". Así el *infans* construye su yo. El nuevo acto psíquico es una ficción fundante de la subjetividad; por eso el amor embellece y el desamor empobrece al yo: este se "maquilla", se "adorna" según las miradas y los deseos del Otro, que fueron constituyentes en los primeros tiempos, pero que habitarán para siempre al niño que vive en el adulto de hoy.

Cuando eso no ocurre, cuando esa operación no se inscribe, las consecuencias pueden ser verdaderamente aniquiladoras. Porque el nuevo acto psíquico, narcisismo redivivo de los padres, permite la unificación del yo sobre el primitivo autoerotismo, posibilita las identificaciones secundarias y es el cimiento de las edípicas. Por eso Freud puede decir que el yo es un "cementerio de identificaciones": cementerio de miradas, palabras, amores y goces de otros. Se insiste: el yo se sostiene en la mirada deseante del Otro. ¿Cómo no habría de pensar Freud tan importantes conceptos si el Otro de la época había decidido que ninguna vida tendría valor?

Tanto en "Introducción al narcisismo" como en "Duelo y melancolía" parte de las psicosis como referencia de las neurosis. En el primer texto trabaja la esquizofrenia como la fractura del narcisismo; en el segundo, la melancolía psicótica como el exilio del duelo. Estos dualismos freudianos pueden pensarse en movimiento, pues, más allá de las diferencias clínicas neurosis—psicosis, proponen un yo en el que habitan otros *yoes*, los espejos amorosos que permiten la ilusión de unidad del yo, pero también los espejos vacíos de palabras y deseos con los que se encuentran tanto el esquizofrénico como el melancólico. Por esto, mientras en la psicosis fracasa la ficción unificante, en la neurosis se produce la ilusión de unidad. Sin embargo, la neurosis no garantiza mucho, pues por ser efecto del inconsciente y del goce del Otro, el yo está estructuralmente dividido y puede también escindirse del Otro, romperse y hasta atentar contra sí mismo.

6.2.— De "Introducción al Narcisismo" a "Duelo y Melancolía"

Los aportes freudianos desde el narcisismo al duelo son los siguientes:

6.2.1.— El concepto de yo como *nuevo acto psíquico*, que permitió pensar el yo como ficción que unifica el cuerpo. Sin ese espejismo no sería posible inscribir una falta. Lacan hablará luego de razón armónica, Φ, (registro simbólico) que permite un orden, una legalidad, sin la cual no sería viable registrar que algo no está en ese lugar. Es decir que solo en el entramado de las identificaciones (narcisismo secundario e identificaciones edípicas) se produce la ilusión de unidad del yo. Lo simbólico organiza lo imaginario. En el caso del duelo, al desgarrarse esa ilusión, puede inscribirse en el yo lo que Lacan llama privación, agujero en lo real (¿dónde se registra la pérdida sino en el cuerpo? El dolor del duelo se siente, no pasa desapercibido. El duelante se percibe "enfermo" aunque sepa que no lo está. No es raro escuchar en los recientes enlutados relatos sobre desmayos, hemorragias, vómitos u otras alteraciones en el cuerpo al recibir el golpe de la muerte). Decíamos: el agujero de la privación es real y el objeto es simbólico, Φ. La razón armónica es la medida de la falta del Otro, tanto en su versión de deseo como en la de goce. Es decir: hace falta una estructura en la que sea posible inscribir el desgarro, y esta no se da en la psicosis, salvo con una prótesis delirante. El neurótico, en cambio, luego del golpe, si bien es tentado por el requerimiento pulsional, podrá también comenzar a sombrear el horror con actos, con palabras, con textos, con relatos minuciosos que van realizando la separación.

6.2.2.— La diferencia entre autoerotismo y elección de objeto: mientras el autoerotismo está ligado a las pulsiones parciales, desconectadas entre sí, tributarias de la psicosis melancólica, en la elección de objeto las pulsiones aparecen disfrazadas, perdidas (antes se habló del yo como ficción unificante). En el duelo el objeto que se pierde es un objeto *sustituto* de la pulsión, sustituto del autoerotismo.

Esto le permite decir a Freud que en la melancolía no hay objeto perdido (con posibilidad de convertirse en otra cosa) sino que el sujeto queda en el campo del autoerotismo. Freud habla en ese caso de *hemorragia libidinal*. Se trata de un vaciamiento subjetivo: no hay ficción; hay captura pulsional. En la melancolía hay un espejo vacío, no hay palabras ni deseos del Otro que sostengan las identificaciones; por tanto, no puede haber objeto perdido por la prohibición. En el duelo, en cambio, se pierde el objeto de amor, que es ya un objeto sustituto de la pulsión. Por eso cuando se pierde (el objeto ya perdido de la pulsión) *el mundo* (simbólico—imaginario, ficcional) se hace pobre y vacío. El doliente pierde interés por "las cosas mundanas". El mundo revela crudamente su estatuto de ficción. ¿No es eso lo que cantaba Gardel, con letra de Le Pera: *"Sus ojos se cerraron y el mundo —simbólico—imaginario— siguió andando"*? Aquí se abre la posibilidad del duelo; en la melancolía ese camino es imposible.

Pero aun siendo posibles, en el luto se transita por caminos sinuosos y escarpados dada la fragilidad subjetiva del deudo. Cuando el mundo revela su estructura de ficción, el cuerpo se fragiliza y el sujeto puede bordear "la hemorragia libidinal" fácilmente: puede enfermar, querer morir, o quedar vacío y que nada le importe; en definitiva, ceder al requerimiento pulsional. No hay que olvidar las quejas de Freud ante la guerra (en la guerra los pueblos se ofrecen a la muerte sin más) o la apatía del poeta taciturno amigo de Freud, para el que, justamente, nada parecía tener valor. Sin embargo por eso mismo, porque el mundo revela su estatuto de ficción, muchas veces el duelo convoca al acto. Todo lo que antes importaba enredando al sujeto en banalidades, deja de importar y un acto tantas veces postergado se realiza.

6.2.3.— Cuando habla de psicosis alucinatoria de deseo enuncia que la alucinación es estructural en el duelo. La relaciona con la renuencia a aceptar la muerte del ser que se ama, pero la liga al yo como nuevo acto psíquico y al yo ideal, como lo superado. Luego lo relacionará con la conciencia moral y con el superyó como heredero del ello.

Se dijo que Freud plantea un yo en el que habitan otros *yoes*, en tanto proviene del deseo del Otro. El yo no es autónomo. Ante la catástrofe que produce la muerte de alguien querido la estructura ficcional del yo trastabilla, lo simbólico se conmociona y lo imaginario pulula en su versión de alucinación o en su versión de *acting—out*. (¿Quién no siente la presencia, aún amable, de un muerto querido?) Otro rostro nada amable, montado también en lo imaginario, es lo siniestro. La angustia, anudada a la culpa en lo real ofrece un rostro —terrorífico, pero rostro al fin— al agujero del trauma.

Veamos los aportes de los conceptos de ideal del yo y yo ideal que Freud trabaja en el capítulo III de "Introducción al narcisismo". El ideal del yo, articulado a la castración, permite al yo actual medirse con el ideal. En cambio, el yo ideal no ofrece medida. Mientras el ideal del yo reconoce la falta y las diferencias, el yo ideal las pierde, o no las adquiere nunca en la psicosis porque, narcisismo redivivo de los padres, mora en todo sujeto, y si en la neurosis lleva la marca de la castración, en la psicosis no la posee. El delirio de grandeza en la psicosis es un intento de cura, un intento de sostén del yo (es mejor ser Napoleón o la mujer de dios, que fragmentos de cuerpo despedazados); en cambio, en la neurosis la irrupción del yo ideal nos habla de la suspensión de la medida que da la castración y es la fuente de las alucinaciones o del pulular de lo imaginario que tiene derecho de ciudadanía en el duelo: dada su fragilidad, el sujeto se sostiene muchas veces en ese débil apoyo imaginario. Desde él, el superyó y la pulsión —lo siniestro— adquieren su lugar.

Lacan los hilará con el *acting - out* y con la fragilidad del mundo simbólico. Las locuras y los *acting - out* tienen que ver, justamente, con la vacilación de la medida fálica que acota lo imaginario. Dado que la castración y la represión no son movimientos perfectos, cuando la vida simbólica del sujeto se conmociona, peligra la medida fálica y el sujeto se disgrega. Son tan probables las actuaciones, las locuras, las infatuaciones como la omnipotencia del pensamiento y la paranoia en la neurosis. Cuando Freud enuncia en "De guerra y de muerte" que la ofensiva "ha arrojado en la confusión a tantas de las más claras inteligencias" (277), que "la ciencia ha perdido su imparcialidad exenta de pasiones" (277) y que "el antropólogo tiene que declarar inferior y degenerado al oponente, y el psiquiatra, proclamar el diagnóstico de su enfermedad mental o anímica" (277), dice que la medida de las naciones se ha perdido y que la locura, la soberbia, el delirio de grandeza, el *acting - out* y hasta el pasaje al acto están empujando al mundo a su destrucción.

En síntesis: yo ideal, alucinaciones, ideas delirantes y espectros se montan en lo pulsional con un tinte imaginario porque la cobertura simbólica del mundo subjetivo muestra brutalmente su vulnerabilidad.

6.2.4.— La inhibición en el duelo y la inhibición melancólica:

La inhibición en el duelo se manifiesta porque al doliente no le interesa nada, salvo lo relacionado con su ser querido muerto. En la melancolía, la —extraña— inhibición se acompaña de autorreproches, autodenigraciones y delirante expectativa de castigo.

En la melancolía —psicótica—, Freud ubica: delirio de insignificancia, al que llama *predominantemente moral*; insomnio; repulsa del alimento, desfallecimiento de la pulsión que aferra a la vida y autocrítica extrema. Pero a pesar de esa autocrítica y del autorreproche, no hay reconocimiento de una falta, no hay pudor o vergüenza. El impudor melancólico saltea toda inhibición en la obscena exhibición de su autodenigración y de sus quejas.

6.2.5.— La identificación melancólica y la identificación en el duelo:

Como se había dicho, la identificación que plantea Freud en la melancolía es la identificación primaria, canibalística (por incorporación; es probable que N. Abraham se acerque a Freud en este tipo de identificación al hablar de "la cripta"). Esta abona la representación de *cosa*, la represión primaria, que más tarde —desde 1920— relacionará con pulsión de muerte, ello y superyó como heredero del ello. Dice: "En otro lugar hemos consignado que la identificación (primaria) es la etapa previa de la elección de objeto y es el primer modo, ambivalente en su expresión, como el yo distingue un objeto. Querría incorporárselo, en verdad, por la vía de la devoración, de acuerdo con la fase oral o canibalística del desarrollo libidinal. A esa trabazón reconduce Abraham, con pleno derecho, la repulsa de los alimentos que se presenta en la forma grave del estado melancólico" (247)

Los destinos de la pulsión que Freud plantea en la melancolía son la conversión en lo contrario y la vuelta sobre sí mismo. No traza ni el retorno de lo reprimido ni la enigmática sublimación. Por eso puede decir del melancólico *sus quejas son querellas*. Recordemos lo que viene planteándose como culpa: debieran ser querellas contra alguien próximo y atroz a quien no se juzga, pero el melancólico dirige contra sí (vuelta sobre sí mismo) los reproches que habría de hacerle al otro. Freud no ha conceptualizado aún el superyó, por lo tanto anuda conciencia moral a pulsión y afirma que la conciencia moral es "una instancia que *puede enfermarse sola*" (247, las bastardillas me pertenecen). Esta situación coagula al melancólico en la monotonía gozosa de la queja. El melancólico se regodea en las quejas, ¿podrá pensarse en inhibición? En cambio, en el duelo neurótico sí puede decirse que la inhibición protege al sujeto de la angustia.

Para el duelo plantea Freud otro tipo de identificación con el objeto, el que abona las neurosis de transferencia y conforma los síntomas. La identificación al rasgo o al deseo del Otro como salida del duelo implica ya lo reprimido y el retorno de lo reprimido como destino de la pulsión. Habla aquí claramente de neurosis, de identificación histérica y de la pérdida de un objeto de amor. El ideal del yo inscribe la falta y permite contabilizar las diferencias, a pesar de las dobleces del duelo por la proximidad a lo pulsional.

6.2.6.— Similitudes y diferencias entre el duelo y la melancolía:

En esta relación Freud establece un acercamiento entre duelo y melancolía, salvo en las autodenigraciones y en la delirante expectativa de castigo.

DUELO	MELANCOLÍA
Pérdida de objeto de amor	Pérdida producida en la vida pulsional
El mundo se ha vuelto vacío	Vaciamiento psicótico del yo. Hemorragia libidinal. Nada importa
Inhibición doliente	Impudor. Obscena exhibición de su autodenigración y de sus quejas.
Identificación histérica. (Lacan dirá: al deseo del Otro). Abona las formaciones del inconsciente.	Identificación primaria. Canibalística. Abona la pulsión, la conciencia moral que puede enfermar sola, esboza el superyó como heredero del ello.

6. 3.— El duelo y sus paradojas

La diferencia clínica entre el duelo y la melancolía permite, por un lado, situar el par neurosis—psicosis, pero también trabajar el duelo y sus paradojas. En el duelo se transita por el inevitable *pathos* dado el desvalimiento del deudo.

Se podría atravesar el esquema anterior con una cinta de Moebius y mostrar *logos* y *pathos* en el duelo, por cuanto en el duelo hay:

- Aproximación a lo pulsional

- Posibilidad de *hemorragia libidinal* (sea en el pasaje al acto o en enfermedades)

- Quejas querellantes

- Incidencia de la conciencia moral y del superyó

Se insiste: Freud no plantea la división sólo entre duelo normal y patológico; además habla de duelo obsesivo y duelo pesaroso, y esboza, incluso, tomando Hamlet como ejemplo, que la recomposición de la subjetividad en el duelo no es unívoca ni lineal.

Podría pensarse que en el duelo el sujeto sabe *a quién* ha perdido, pero no *qué* se perdió con él, y probablemente nunca lo sepa del todo. Por otra parte, la inhibición en el duelo (angostamiento del yo) traza un camino de aproximación al objeto, a la vez que es un buen resguardo contra la angustia. Durante el tránsito por el duelo, dirá Freud, la instancia crítica puede atentar contra el sujeto como vuelta sobre sí de las querellas contra el que murió.

Muchas veces el supérstite no se siente en duelo sino enfermo, y por la transferencia puede reconocer su dolor, como se vio en el caso Nélida trabajado en el capítulo anterior. Sin embargo no se trata sólo de hablar de la muerte. Puede hablarse, contarse, pero es importante además que el decir produzca una cierta resonancia subjetiva en la que el deudo se reconozca. El camino de los lapsus, de los sueños, de las formaciones del inconsciente en general da un marco para que el sujeto se escuche y no sea aplastado por la muerte. Sin embargo, algo se llevará y algo dejará el muerto: síntomas, fobias, identificaciones, pequeñas ofrendas dicen que los sujetos son verdaderos cementerios de identificaciones. Los muertos vivirán en los deseos y en los goces del deudo.

6.3.1.— Un esquema para "Duelo y melancolía":

Este un gráfico puede ayudar a pensar lo que Freud aporta sobre el duelo y la melancolía:

DUELO	MELANCOLÍA
Causa del duelo: son coincidentes las influencias de la vida que los ocasionan, toda vez que podamos discernirlas.	Causa de la melancolía: hoy podemos decir que es estructural. En todo caso, es posible pensar qué la desencadena.
Reacción frente a la pérdida de una persona amada o de una abstracción que haga sus veces, como la patria, la libertad, el ideal, etc.	En muchas personas se observa, en el lugar del duelo, melancolía

Sugieren afecciones más somáticas que psicógenas |
| El duelo pesaroso contiene idéntico talante dolido, la pérdida del interés por el mundo exterior – en todo lo que no recuerda al muerto- la pérdida de la capacidad de escoger algún nuevo objeto de amor, el extrañamiento respecto de cualquier trabajo productivo que no tenga relación con la memoria del muerto. | Desazón profundamente dolida, cancelación del interés por el mundo exterior, y de la capacidad de amar, inhibición de toda productividad y una rebaja en el sentimiento de sí (amor propio) que se exterioriza en autorreproches y autodenigraciones, y se extrema hasta una delirante expectativa de castigo. |

Inhibición y angostamiento del yo, entrega al duelo pérdida de interés por todo lo que no tenga que ver con el duelo Talante dolido. Dolor: económicamente significa incremento pulsional.	Desinhibido impudor. Cancelación de interés por el mundo
Objeto de amor perdido: A quién ha perdido El objeto no existe más: exhortación a quitar toda la libido de sus enlaces con ese objeto. El sujeto no abandona fácilmente su posición libidinal. Puede surgir una psicosis alucinatoria del deseo. *(Si gana el mandato de la realidad)* ↓ Pérdida de modo paulatino, con gran gasto de energía de carga, continuando mientras tanto la existencia psíquica del objeto perdido, en recuerdos despertados, sobrecargados. Se realiza en ellos la sustracción de la libido. Ejecuta pieza por pieza la orden de la realidad. ¿Por qué es tan doloroso?: (lo que con él se ha perdido refiere a algo pulsional) ↓ *a*	Pérdida desconocida. Pérdida de objeto sustraída a la Cc. Vaciamiento del yo. Yo indigno de toda estimación, incapaz de rendimiento valioso alguno y moralmente condenable. Se dirige amargos reproches, se insulta y espera la repulsa y castigo. Se humilla ante todos los demás y compadece a los suyos por hallarse ligados a persona tan despreciable. Delirio de empequeñecimiento con insomnios, rechazo a alimentarse y desfallecimiento de la pulsión de vida. *a*

Hay objeto perdido i(a)
            a
          (Ideal del Yo)
La sombra del objeto recae sobre el yo para angostarlo y herirlo. Solamente está preocupado por su duelo. Hay velamiento, recubrimiento del objeto. Hay dimensión de pérdida
 	
(Realidad Psíquica)
 	
El objeto de amor se ha perdido pero es posible alguna cobertura
 	
       i(*a*)
 	
      a
	Hay objeto no perdido Refiere al yo ideal.
	Psicosis. No hay significante del duelo. Hay aferramiento a la pulsión. La sombra del objeto se retira del yo y queda un puro objeto sin máscaras que lo aplasta
	
	$\cancel{X}(a)$ $\underline{s}\rightarrow$ $\boxed{a}$
	
	   a

A pesar de todo, hay una cierta dignidad del sujeto en duelo. A veces: se aparta de la realidad psíquica (leyes simbólicas) y mantiene el objeto por una psicosis alucinatoria de deseo O depresión neurótica obsesiva Apartamiento de la realidad. (PAD) Amentia de Meynert Freud propone que en Hamlet se produce un duelo obsesivo, en el que se dan, como en la melancolía: • Autoimputaciones. • Deseo de comunicar a	Tiene razón en sus autoimputaciones y capta la verdad con más claridad que otros, no melancólicos. Por qué uno tendría que enfermarse para alcanzar una verdad así. El melancólico carece de todo pudor frente a los demás, sentimientos que caracterizan el arrepentimiento normal. Como en Hamlet, en quien Freud propone un duelo, en la melancolía señala: • Deseo de comunicar a todo el mundo sus propios

todo el mundo sus propios defectos, como si en este rebajamiento hallara una satisfacción. • Ha perdido la propia estimación y debe tener razones para ello. • Instancia crítica (s.yo, Cc. Moral) Autoacusaciones: las más violentas pueden adaptarse a otra persona que el sujeto ama, o ha amado. Reproches vueltos sobre su propio yo cuya misión es encubrir a los restantes	defectos, como si en este rebajamiento hallara una satisfacción. • Ha perdido la propia estimación y debe tener razones para ello. • Instancia crítica (s.yo, Cc. Moral) Autoacusaciones: las más violentas pueden adaptarse a otra persona que el sujeto ama, o ha amado. Reproches vueltos sobre su propio yo cuya misión es encubrir a los restantes
Libido de objeto No hay perturbación del amor propio.	Libido referida a los orígenes constitutivos de la estructura narcisista: autoerotismo. Delirante expectativa de castigo.
La sombra del objeto recae sobre el yo y lo angosta. Queda una dimensión de i(a)	El objeto cae sobre el yo. Vaciamiento psicótico del yo.
La pérdida se impone a cada uno de los recuerdos y esperanzas (desmontaje simbólico). El yo, situado ante la interrogación de si quiere compartir tal destino, se decide, bajo la influencia de las satisfacciones narcisísticas de la vida a cortar su ligadura con el objeto perdido. Se sabe a quién se perdió, pero no qué se perdió con él.	Sus lamentos son quejas que no se realizan. No se avergüenzan ni se ocultan, porque todo lo malo que dicen de sí mismo se refiere en realidad a otra persona. Irritables y susceptibles y como si estuvieran siendo objeto de una gran injusticia. Rebelión convertida en melancolía. Caída del yo con el objeto

Es posible saber a quién se perdió y no perderse con el muerto.	abandonado. Se pierde con el objeto
La separación se realiza lenta y paulatinamente, por lo que al llegar al término ha agotado el gasto de energía necesario para tal labor.	Debe haber existido una enérgica fijación al objeto erótico y por otro lado una escasa energía de resistencia de la carga de objeto. (Objeto: en fase oral de la libido. Refiere al campo de la constitución del sujeto. Autoerotismo)
En el duelo suspendido, por la proximidad a la pulsión, son frecuentes los estados maníacos y las adicciones	Freud ubica la manía en el doblez de la melancolía. Triunfo, salvo que se ignora qué y sobre qué se lo ha conseguido. Son muy frecuentes las adicciones.

6.4.— *El duelo de una hija*

Luisa es una joven arquitecta que consulta por estados de vértigo, tal vez para probar si esto sirve. Ya la habían visto especialistas en oído y en neurología, y el vértigo persistía más allá de las medicaciones. No puede viajar, subir a andamios ni acercarse a ventanas de edificios, cosa que podría no tener importancia si en su trabajo no precisara, justamente, realizar todas esas actividades. Su padre, arquitecto como ella, había muerto hacía más de 10 años; luego de vaivenes subjetivos y económicos había comenzado a tener éxito en su profesión cuando, fatalmente, cayó de un andamio. Luisa se hizo cargo de la empresa y de la economía familiar, cosa que le pesa aún al momento de la consulta. De hecho, adjudica el surgimiento del vértigo a este verdadero estrago en su vida. "Es lo peor que podría haberme pasado. Después de tantos sufrimientos económicos, de tanto trabajo, cuando llegaba la hora de recoger lo sembrado, se muere", dice refiriéndose al padre.

Relata, sin embargo, que su padre fue un hombre muy querido y que su muerte conmocionó no solo el ámbito familiar y empresarial, sino las fibras mismas de la ciudad donde se había criado y había ejercido su profesión. Aún hoy la gente visita su tumba y deja ofrendas, afirma. Ella misma, contagiada por las costumbres de los vecinos, deja en la tumba cosas que sabe que a su padre le gustarían. El logos vino a funcionar ante el agujero creado en la existencia. Lo público acompañó –y acompaña aún– a la huérfana ayudándola a significar esta trágica muerte. Tal vez por eso este fallecimiento marcó claramente un antes y un después en su vida. Aún hoy cuando habla de ello, el desgarro la conmociona. La intervención del Otro Social y de los semejantes —lo público— que acompañaron y acompañan con rituales, relatos y ofrendas, permitió una cierta demarcación, alguna delimitación al horror de esta muerte que logró perimetrarse, no sin dolor y culpa (la culpa, aquí, en su dimensión simbólico—imaginaria, con el reconocimiento de la muerte y el ofrecimiento de dones, y su costado real, culpa—angustia, cuando, como veremos, Luisa carga con las deudas impagas del padre)

Fue para Luisa algo de muchísimo peso continuar con la empresa. Esto significó saber qué hacer no solo con las obras, sino con los empleados, con la contabilidad y hasta con la competencia en el rubro. Además quedó a su cargo, desde entonces, el sostenimiento económico de sus hermanos menores y de su madre. En algún momento se interroga si debía continuar por el camino inconcluso de su padre o buscar otro camino más propio.

Durante las primeras entrevistas se advierte una cierta rigidez en el rostro mientras habla. Le pregunto desde cuándo ocurre eso y responde que a veces el fenómeno la toma por asalto. Lo relaciona con el vértigo. Se le pide que inmediatamente consulte con un reconocido especialista y, efectivamente, se diagnostica una grave enfermedad autoinmune. (Viene bien aquí lo que Gerez Ambertín señala como coacción a la repetición, lo real que asecha: "Una presión interna que coacciona, domina, que resulta tan ingobernable que el sujeto la vive como extraña a su ser, y, en muchos casos, intenta desvincularse de ella" (2008,122). Los signos en el cuerpo no eran significados por Luisa; más bien intentaba disimularlos o minimizar el malestar cuando la asaltaba.

¿Cuál el lugar del analista ante la enfermedad orgánica? ¿Seguir apostando al trabajo del inconsciente? El agujero en lo real estalla junto con ese diagnóstico, pues la enfermedad generaba riesgo de muerte. El analista no puede esconderse en la neutralidad que funcionaría como resistencia y pedir inútiles asociaciones (porque no hay trabajo del inconsciente); el dispositivo del análisis significa también el interés del analista por la enfermedad y por la salud del paciente, de modo que se habla con los médicos que la atienden, se pregunta por la medicación y sus efectos, por las consecuencias en la vida cotidiana del tratamiento y se acompaña a la muchacha en este trance que plantea la posibilidad de su propia muerte.

Esto permitió que, entre consultas a médicos, agresivos tratamientos y lágrimas por su posible muerte, pudiera hablar, sin embargo, de su orfandad. Siempre se sintió huérfana. Su padre, constantemente intentando levantar su empresa, tenía ojos y orejas sólo para este ideal. Ella quedaba con una madre adicta y "depresiva", siempre en la cama, muriendo. Desde muy pequeña se hizo cargo de sus hermanos y de esta madre, posiblemente psicótica.

Su padre muere en el momento en que habían comenzado a trabajar juntos y a producir algún éxito económico. Poco tiempo después muere su madre, pero eso nunca le importó: ella estaba ya prácticamente muerta. De hecho, no le produce ninguna añoranza. Solo recuerda el horror de haber vivido próxima a su caída, a su podredumbre, a su degradación.

Durante algún tiempo la transferencia está sostenida en este "saber —reconocer— la enfermedad orgánica", pero también en el "saber—escuchar a alguien que va a morir". Esto permite, sin embargo, que algo de la incerteza del inconsciente vaya pudiendo velar la certeza de la muerte. A veces llora su enfermedad, por la soledad en la que quedará su hijita, pero también puede hablar del peso que significa ayudar a sus hermanos que ya están bastante grandes y/o a los empleados, a toda la gente que circula en torno de una obra, a los proveedores. Logra también ir tejiendo alguna trama de su novela en la que adquieren mucho valor sus abuelos paternos, la contracara de sus padres: fuertes, sólidos, brindaron el hogar que no encontró en sus progenitores.

La enfermedad va deteniendo su avance mientras ella continúa transitando por los vaivenes de su novela.

Logra concluir una importantísima obra diseñada por su malogrado padre, que le había requerido mucha inversión de tiempo y de dinero—pero también mucho éxito económico y reconocimiento—y cuya inauguración fue muy publicitada, dada su importancia. En la primera sesión luego de la inauguración y hablando de lo difícil de este éxito, relata que una vez concluido el edificio fue al cementerio a visitar a su padre, a quien le dijo: "Hasta ahora trabajé para vos. Desde ahora, trabajo para mí". ¿Qué fue esa alocución, sino una subjetivación de lo que fue su vida? *Hasta acá ofrecí mi vida para saldar tu deuda. (Me ofrecí en sacrificio. Desde acá voy a separarme de esa tentación).* Aunque el duelo –como la vida— nunca es lineal, el duelo por la muerte de su padre iba siendo posible. El inconsciente trabajaba: por las vías sustitutivas podía ir armando su novela y relacionarla con la construcción de su familia, con su hija en el lugar de síntoma.

Se queja de la *apatía* de su pareja, interroga si es desamor, indiferencia. Se le dice que no parecía indiferencia ni desamor durante su enfermedad, pero ella insiste en que percibe un cierto descuido. Se queja también de su pequeña hija, de quien dice "es un torbellino. No para. No conoce el no". Una vez, en medio de una pelea con su hiperquinética hija la sorprende un lapsus en el que hace un juego de palabras con los significantes "parar y matar." Luisa era ya una analizante que podía escucharse.

Aún conmovida por el fallido, dice: "a mi mamá la maté. La maté para siempre. Yo hablo de mi papá, peleo con él, me enojo, me reconcilio, indefectiblemente me acuerdo de su aniversario, lo visito en el cementerio por alegrías, tristezas o peleas, hablo con mi familia de él, con la gente, la gente lo recuerda. A mi mamá la maté. ¡Ni siquiera recuerdo el día de su muerte!". Esto permitió hablar de su síntoma: la apatía de su pareja, de la que ella es cómplice, y la "locura" de su hija, de la que también es cómplice. Ambas resignificaban la "bipolaridad" de su madre que pasaba de caer como desecho, como una "bolsa de carroña", a la manía, momentos en los que era capaz de vender objetos de su casa, dejarlos sin zapatillas o sin comida, u obligarlos a buscar dinero donde fuera, mintiendo, mendigando, para jugar compulsivamente y luego volver a caer en la interminable apatía.

Se podría decir a esta altura que la muerte del padre fue absolutamente traumática para Luisa. Pero en ella lo público fue convocado y de algún modo perimetró el horror. La culpa, siempre anudada al duelo, adquirió el rostro de sacrificio en "el peso" que significó hacerse cargo de las deudas impagas de su padre. Pero esa culpa tenía un rostro, había una cobertura simbólico—imaginaria que le permitía hablar, pensar, suponer, con un resto traumático, por supuesto. Hubo allí la posibilidad de "trabajo" del inconsciente. Posiblemente es a lo que se refiere Freud cuando habla de "trabajo" del duelo. Con el acompañamiento del Otro social, pudo señalar el día de su muerte, y hasta contabilizar las faltas del padre y las propias. Pudo odiarlo, incluso.

En cambio la muerte de la madre –aquí sí, según su deseo, por el anhelo parricida que la había embargado durante tanto tiempo— permaneció silenciosa. Debió transitar los caminos del duelo por el padre, a quien también acusaba de haberla abandonado en manos de ese desecho que era su madre, para significar su odio no subjetivizado y el duelo –imposibilitado— por la madre. Su enfermedad autoinmune se asienta en el costado traumático y la culpa en lo real, no reconocida, en torno de esta muerte. La función subjetivante del duelo fue convocada en lo privado de su análisis, y en la intimidad del trabajo del inconsciente, lo que le permitió reconocer el lugar que otorgaba a su pequeña hija y a su pareja, por las vías sustitutivas. Esto dice de la reinstalación de la operación de la castración, de la pérdida que significa la represión y el olvido del horror siempre presente. Ahora le es más posible pelearse con su madre. Puede tener un lapsus con su hija y asociar acerca del odio hacia su madre a quien aborreció —y también amó— todos los días mientras vivía. El objeto que había quedado desnudo recuperó la cobertura sustitutiva, lo que dice de la reinstauración del Otro y de la posibilidad de los movimientos de alienación y separación sostenidos en el marco fantasmático.

El resto presente en la —detenida— enfermedad orgánica, quedó allí, en los bordes durante su análisis.

CAPÍTULO VII

La cuestión del duelo en Lacan

> Lacan da el nombre de demanda de amor a este más allá de toda demanda que hace que ésta se refiera a algo distinto que el objeto —el contenido de la demanda—
>
> Guyomard, 24.

7.1.— Introducción

Como ya se dijo, en la teoría del duelo de Lacan hay dos momentos: el que marcan los *Seminarios 4*, *La relación deobjeto*, y *6, El deseo y su interpretación*, en los que trabaja el duelo en torno de la privación y del falo, y el que se desarrolla en el *Seminario 10, La angustia*, donde piensa el duelo desde la conceptualización del objeto *a* y del doliente como objeto causa. Se tejerán ideas propias siguiendo ambos momentos.

Se dijo ya que la muerte afecta al sujeto en tanto tal por la pérdida de otro sujeto con el que sostenía (y no es fácil dejar de sostener) un lazo singular: ser la causa de su deseo. *¿Che vuoi?* (plantea Lacan en el *Seminario 4, La relación de objeto*, tomando la novela de Cazotte, "El diablo enamorado") *¿Qué me quieres?* es la pregunta que convoca al deseo del Otro. ¿Cómo quieres que me *in—vista* para ser "eso" que atrapará tu solicitud, tu embeleso, tu deseo? ¿Con qué velos me disfrazo, me cubro para ser amable, digno de ser amado por ti? Si bien Lacan intenta teorizar las relaciones de objeto, se topa con el "muro" de lo que en principio postula como el "muro del lenguaje"

(*Seminario 2*, Clase 19), desde donde desplegará luego el lazo entre el sujeto y su *partenaire* amoroso, un lazo que toma tres dimensiones: simbólica, imaginaria y real. El vínculo entre los humanos es un lazo que anuda deseo, demanda y goce o, más bien, los tres registros antes mencionados (S. I. R.). Se habló de un sujeto que causa el deseo de otro confrontado no con el individuo (in—diviso), sino con la división del otro (su deseo inconsciente). Esto implica que cuando una muerte importa, lo hace porque —para el deudo— ese otro no mantuvo un lazo como *individuo*, *indiviso*, completo (bienes, casas, poder. Lo "completo" es siempre ilusorio, imaginario), sino como *otro deseante*, más precisamente, con *su falta*. De allí que Lacan propone –se recuerda— que el amor consiste en "dar lo que no se tiene" (la falta) a alguien que no lo es; a un otro habitado también por el deseo. Esto le permite afirmar que solo se entra en duelo por aquel cuya falta fuimos y cuyo deseo causamos. Con el amor así definido, cuando el *partenaire* querido no está —muere—, esa causa del deseo retorna contra el deudo, que en tal caso se queda desencausado.

Un recorrido desde el *Seminario 6*, *El deseo y su interpretación* al *10*, *La angustia*, permitirá sostener esta aseveración en Lacan.

7.2.— *La cuestión de la "falta" y el objeto perdido*

Decir que *solo se hace duelo por aquel cuya falta fuimos* es lo mismo que indicar *sólo se hace duelo por un objeto perdido,* lo que a su vez equivale a decir, por el objeto investido libidinalmente, sustituto del objeto primordial para siempre perdido. Por eso se ama desde la falta a un objeto de amor que, siendo un sustituto, enmascara y perimetra eso primero: *das—Ding*, la—*cosa*, lo inmutable. Cuando el deudo sufre la muerte de un ser querido, el objeto perdido desaparece y lo real acosa. Allí se produce la angustia, definida por Freud como "falta de objeto" —de amor— en "Inhibición, Síntoma y Angustia" (1925) y por Lacan como "presencia de objeto", refiriendo al objeto *a*. (*Seminario 10, La angustia*, 3)

Lo que en Freud es *objeto perdido*, Lacan lo reformula, desde el *Seminario 6, El deseo y su interpretación*, como *falta de objeto*. Sin embargo, las faltas son múltiples, pues no todo agujero causante de la subjetividad es igual. Para Freud, la intersección desvalimiento y lenguaje (en la que nace la cría humana) recorta la biología y la transforma en símbolos —dones—. Esto será formulado luego por Lacan como estructura: S(A barrado). Más allá de lo fenoménico, en ella el cachorro humano encontrará su lugar, su ser y su deseo.

7.3.— *La "falta": privación, frustración y castración*

El desvanecimiento implantado por la acción del símbolo en el sujeto primordial no pertenece a un campo homogéneo. Ya desde sus primeros Seminarios Lacan teoriza la cuestión de "la falta" y diferencia los distintos vacíos. Específicamente, desde el *Seminario 4, La relación de objeto*, puntualiza tres tipos de objetos (agujeros, vacíos), las tres operaciones que se producen y tres agentes que las ejecutan, en sus vertientes imaginaria, simbólica y real. Las operaciones son castración, privación y frustración (especificadas en el siguiente cuadro)

OPERACIÓN	OBJETO	AGENTE
FRUSTRACIÓN (Imaginaria)	Π (Pi) (Real)	OTRO PRIMORDIAL (madre) (Simbólico)
PRIVACIÓN (Real)	Φ (Phi) (Simbólico)	PADRE PRIVADOR (Imaginario)

CASTRACIÓN (Simbólica)	-φ (Phi negativizado) (Imaginario)	PADRE (Real)

Como se ve en el cuadro, la privación es una operación que produce un agujero en lo real, recorta un objeto simbólico y su agente es imaginario. Cuando muere alguien que importa, el vacío que se produce es de este orden.

"Si un objeto falta en su lugar, es porque mediante una ley definimos que debería estar ahí" (*Seminario 4*, 40), afirma Lacan sobre el duelo. O sea que este implica un agujero en lo real que puede reconocerse por la referencia a un ordenamiento simbólico y alrededor del significante fálico, Φ, que para Lacan "designa el conjunto de los significados, pues, en tanto razón armónica, es el ordenador que permite a los sujetos ser legislados desde una medida regulable para todos" (Gerez—Ambertín, 2014, 65). Para que se prive de algo a alguien tiene que haber ilusión de unidad y posibilidad de comparar con leyes que permitan esa medida. Es lo que Freud llamaba ideal del yo, constructo que se apoya en el yo ideal por un lado y en el conjunto de los significantes por otro.

Obsérvese en el cuadro que el agente de la privación es el padre imaginario, aquel que Lacan, siguiendo a Freud, llama padre privador o padre de la amenaza de castración. Sin haber aún formulado el objeto *a*, en el *Seminario 4* Lacan afirma que la angustia de castración opera en este lugar. Así, la muerte de quien fuimos causa confronta con la angustia, con la privación (donde falta la falta simbólica), y entonces falta la posibilidad de significar la pérdida. Amenaza y angustia se conjugan ante la dificultad de significar la muerte de alguien amado, y dado que la muerte implica la pérdida del objeto ya perdido, el atravesamiento por la angustia es necesario para que el trabajo del significante pueda comenzar a desplegarse. El vacío se atraviesa, ora por la culpa (efecto de la amenaza, es el Otro el que castiga) ora por la angustia, porque falta el objeto de amor.

La función subjetivante del duelo es "una solución al desorden creado por la insuficiencia de los elementos significantes para hacer frente al agujero creado en la existencia, y el rito es una operación que hace coincidir la falta simbólica con la hiancia abierta por el duelo" (Glasman, S. 1987, 87). O, lo que es lo mismo, el rito es un intento de lo público de dar alguna significación fallida, pero posible, a lo real de la angustia con la que nos confronta la brutal inexistencia del Otro ante la muerte de alguien a quien causábamos. Es que los ritos dan alguna significación $-\varphi$, posible; son un intento de reinstalar la falta como engaño neurótico a la pulsión. Así es como $-\varphi$, ordenado por el significante fálico Φ, la razón armónica que designa el conjunto de los significados, inicia la posibilidad de velar lo real que produjo la muerte.

La castración imaginaria, $-\varphi$, marca la falta, señaliza los bordes que circunscriben el objeto *a*. El agujero de la castración irá bordeando la privación hasta hacer coincidir (siempre erróneamente) una sobre otra; $-\varphi$ irá dando significación a Φ y *a* de la privación.

La puesta en funcionamiento de Φ, $-\varphi$ y del significante del duelo (que se inscribe junto a los Nombres del Padre, en el disolución del Edipo) y su resto, el objeto *a*, es la causante de los "fenómenos" que pululan durante los primeros tiempos del duelo. El intento de significar el agujero creado en la existencia produce el proliferar imaginario (pero articulado desde lo simbólico) como tenue intento de cubrir lo real (objeto *a*) dando lugar a los fenómenos alucinatorios, ideas delirantes, *acting—out*, en el duelo.

Por eso Freud postula que se sabe lo que se ha perdido, pero no *lo que se perdió con él*. Se sabe, por la privación, por el "exhorto" (dice Freud en "Duelo y Melancolía"), que allí se ha tronchado indefectiblemente algo. Pero no se sabe bien qué se ha perdido, por la imposibilidad de significarlo aún. El duelo permitirá ir traduciendo "eso perdido", dándole alguna significación, desde la opacidad errática del significante. Y aunque el significante solo puede enmascarar la angustia, ese es su trabajo más importante, porque permite subjetivar el duelo.

7.4.— La significación fálica y el objeto a en el duelo

Freud comienza "Duelo y melancolía" de esta manera: "Tras servirnos del sueño como paradigma normal de las perturbaciones anímicas narcisistas, intentaremos ahora echar luz sobre la naturaleza de la melancolía comparándola con un afecto normal: el duelo" (241). Freud no dice esto ingenuamente. Afirma Sara Glasman: "El sueño es a las neurosis narcisistas –recordemos que Freud llama neurosis narcisistas a las psicosis (*verwerfung*)— como el Duelo –neurosis— a la melancolía –psicosis—" (1987, 74).

Sueño . Duelo

Verwerfung Melancolía

El duelo es el envés de la *verwerfung* (forclusión del significante Nombre del Padre en la Psicosis). En la *verwerfung* lo no simbolizado (por forcluido) aparece en lo real (en forma alucinatoria o como fenómenos elementales). En el duelo el agujero en lo real moviliza el significante ofreciendo un lugar vacío donde proyectar el significante que falta. Este no puede, de todos modos, articularse, pues no por ello deja de faltar, y así el mecanismo inverso tiene como efecto un fenómeno similar al delirio: comienzan a pulular las imágenes que restauran lo imaginario. Pero aquí, en caso de lograrse la subjetivación del duelo, puede ponerse en juego todo el conjunto simbólico y se consigue una "solución al desorden creado por la insuficiencia de los elementos significantes para hacer frente al agujero creado en la existencia" (Glasman, 87). El falo imaginario —φ intenta alguna sustitución, algún enmascaramiento desde lo imaginario articulado a lo simbólico, pero eso es insuficiente. En la articulación con el yo ideal se vio la exacerbación de lo imaginario.

Con la muerte el sujeto es privado en lo real de un objeto que no le pertenece pero, sin embargo, le falta. Allí, el falo simbólico, Φ, es la referencia de la falta en lo real. Pero esto no permite los enmascaramientos y las sustituciones. El Otro privador (amenazante) funciona provocando angustia y desvalimiento, ya que la privación precipita al deudo a tal desamparo. Por eso Freud afirma en "Duelo y melancolía" que la sombra del objeto –que, se ha dicho, toma el rostro de culpa— angosta el yo por las vías de la inhibición. No es posible significar lo que falta en el momento del desgarro; la angustia tendrá un tenue enmascaramiento que se vuelve en contra del deudo: lo que Freud llama al principio instancia crítica y luego superyó, se presenta como autoacusación, inhibición, pérdida de interés por las cosas del mundo, procura de castigo. Son respuestas a lo real de la muerte, que en sí no permiten la operación del duelo ni su subjetivación. El sujeto en duelo sufre un colapso fantasmático. El fantasma, $◊a, trastabilla por el agujero en lo real que lo precipita a la angustia; por eso es preciso que lo que Hannah Arendt llama lo público, de la mano de los rituales, venga a circunscribirlo. Es lo que Freud llamó el principio de realidad, y Lacan, sistema significante, *logos*. Los ritos, como uno de los Nombres del Padre, vienen a acotar el goce que embarga al supérstite por quedar tan próximo a lo real (objeto *a*); lo circunscriben de algún modo y van dando alguna significación; le permiten ir restableciendo el Otro Simbólico y aproximarse a la angustia con alguna perimetración. El *acting - out* puede realizarse en el marco de los rituales, en tanto estos delimitan un contorno simbólico como sostén a la subjetividad. Los ritos pueden reinstalar un lugar para el *acting* y para el síntoma, para que se lance la pregunta: ¿puedes perderme? ¿Por qué a mí? ¿Por qué me has abandonado? Las preguntas dan alguna medida al horror y a la culpa.

7.5.— La posible subjetivación del duelo

Ahora se puede afirmar con más elementos que la participación de las esferas pública, privada e íntima en el duelo permite su subjetivación. Y que es necesaria la intervención del Otro social (lo público) en cada duelo para situar lo privado: cada quien tendrá un tiempo para ir velando y enmascarando el agujero creado en la existencia; irá dando coberturas, significaciones, fantasías, que cubran el agujero en lo real.

Se dijo que el duelo es el envés de la *verwerfung*, en tanto lo imaginario comienza a pulular en el agujero creado en la existencia y empieza a funcionar como velo a lo real, poniendo en funcionamiento la realidad psíquica. "Aparecidos", "fantasmas", "sombras", estados alucinatorios son frecuentes en estos tiempos de duelo, pero en las fallas de la operación advienen un obstáculo para subjetivizar el duelo.

Vimos que Freud trabajó estos estados oniroides y la aparición de demonios en diversos textos. El muerto ha devenido un soberano poderoso (porque se lo ama y se lo odia). La demonización del muerto se asienta en la hostilidad que siente el deudo, vuelta sobre sí mismo: no es el deudo quien odia o quien se complace de estar vivo mientras su semejante ha muerto; es el muerto el que se tornó adverso. Diremos que es un intento –como los sueños autopunitorios o las pesadillas– de realización de deseo que fracasa en su tramitación. La presentificación de lo traumático fijado a *das—Ding* como satisfacción queda desarticulada de las formaciones del inconsciente. Sin embargo, aunque fallido, son un intento de otorgar alguna significación a lo real.

Se insiste: pesadillas y alucinaciones bordean tenuemente el objeto *a*. Como el *acting—out* podrán abrirse camino hacia las formaciones del inconsciente, vía la función del duelo (que anuda lo público, lo privado y lo íntimo) o quedar sueltos en la desubjetivación. El rostro del duelo impedido las acerca a las psicosis. Y entonces, *acting—out*, pasajes al acto, alucinaciones, ideas delirantes son fenómenos que fracasan en el intento de hacer borde al objeto *a*.

Dirá Lacan en el *Seminario 10, La angustia*:

El problema del duelo es el del mantenimiento de los vínculos por donde *el deseo está suspendido*, no del objeto *a* en el nivel cuarto, sino de i(*a*), por el cual todo amor, en tanto que este término implica la dimensión idealizada que expresé, está estructurado narcisísticamente (362, las bastardillas pertenecen a la autora).

Debido a que el deseo está suspendido, prima el goce, y por eso se precisan tantas vueltas para velarlo y enmascararlo. Podríamos decir que, en lo privado, el problema del duelo es la función del falo imaginario – φ, el mantenimiento de los vínculos por donde el deseo está suspendido, no del objeto *a*, sino de i(*a*), en tanto – φ expresa la castración imaginaria. Este entramado que hace a los vínculos está sostenido por – φ, el operador responsable de mantenerlos. Por eso Lacan escribe:

$$\frac{i(a)}{a} \quad y \quad \frac{-\varphi}{a}$$

De allí que en el duelo sean tan frecuentes las alucinaciones, o la "fetichización" de alguna pertenencia del deudo. Nadie se separa rápido del muerto; hace falta tiempo. Y en ese tiempo —privado— se irán realizando movimientos de alienación y separación entre el sujeto y el objeto *a* causa de deseo que dejó desencausado al deudo. Pero una cosa son las seudoalucinaciones, como "ver" al muerto, o esperar que vuelva del trabajo, o llamar por teléfono y detenerse en el momento en que se recuerda que ha muerto; o guardar sus pertenencias, que van atenuando la distancia con lo real del trauma, y otra lo que frecuentemente traen los pacientes a la clínica: el sufrimiento por el acoso alucinatorio o delirante. Esto es de un paño distinto. "Aparecidos", demonios, alucinaciones no logran en este caso dar alguna cobertura a lo real del trauma, salvo que logren ser interrogados, subjetivizados en transferencia.

7.6.—El objeto causa, lo real y el fantasma

El objeto de amor, para Lacan, es solidario con el concepto de deseo como deseo del Otro y con la demanda en su relación con la falta simbólica. El muerto era la falta del deudo y él no lo sabía, en tanto el deudo era la falta del difunto, sin que él lo supiera.

En el *Seminario 10* Lacan habla de objeto causa de deseo y, aunque el objeto causa es el objeto *a* articulado en el fantasma, $\$\lozenge a$, participa de la estofa de lo real (tiene que ver con las primeras marcas en la subjetividad, con la pulsión) que, *en falta* (porque participa de la trama de lo reprimido) causa el deseo del Otro. Este solo opera con la vestimenta narcisística de i(*a*), es decir, la demanda en su relación con el ideal. De allí que Lacan en ese Seminario haga una homología entre el fantasma y el ideal del yo.

Dado que el sujeto no es unívoco, desea desde los enmascaramientos que produce (cubriendo el objeto *a*), colocándose en posición de vestir galas narcisísticas a fin tenderle una trampa al deseo del Otro; el sujeto desea como causa vestido con los velos que supone el Otro espera. "En tanto es un imposible, la manera en que un sujeto pueda acceder al deseo, es a través de la imagen. El deseo tiene una estructura de señuelo, de disfraz. Tiene que articularse a la demanda" (Rabinovich, 1993, 19)

Objeto *a* y $-\varphi$ son formas de ausencia en lo simbólico. La operación de la privación recorta *a* sobre Φ, permitiendo alguna significación fálica, $-\varphi$.

Lacan piensa en el *Seminario 10* "*a* y $-\varphi$ como una operación de ausencia en lo simbólico, porque $-\varphi$ aparece como falta, al igual que el objeto *a*. El lugar de la falta es compartido; ambos surgen en el mismo lugar, allí donde en el espejo no se ve nada. "Allí donde no se ve nada, donde se sitúa lo que escapa a la visión, se sitúa lo real"(19) . El reflejo, espejismo que se ubica en esa falta, es i(*a*)

En el mismo Seminario Lacan plantea la alienación y la separación del sujeto mítico en el A significante

$$\begin{array}{c|c} A & S \\ \hline S & \text{A barrado} \\ a & \end{array}$$

El Otro (A) captura al sujeto primordial.

Lo forma, lo divide,

lo transforma.

$$\begin{array}{c|c} A & S \\ \hline S & \text{A barrado} \\ \Diamond & \\ a & \end{array}$$

Como resto de esa operación,

Lacan ubica el fantasma: $S \Diamond a$

El *a* enmarcado en el fantasma funciona como una respuesta posible, en la neurosis, a la insoportable levedad del Otro generada por su falta. El sujeto desde allí puede buscar diferentes respuestas a la oquedad, a la inexistencia de garantía en el funcionamiento del Otro como sede de las leyes y regularidades del mundo simbólico en el que se inserta, crédula, la subjetividad. Por eso Lacan ubica en el Grafo del Deseo, desde el *Seminario 5, las formaciones del inconsciente,* s(A), el yo i(A) y el Ideal I(A) del mismo lado del fantasma ($◊a$). Son todas respuestas a la brutal vulnerabilidad del Otro.

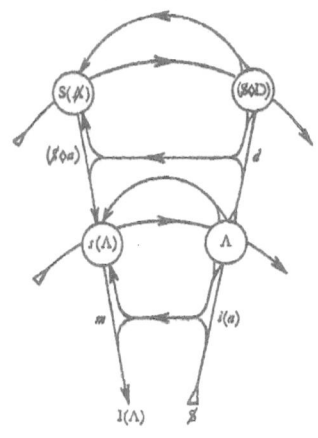

S(A barrado): Falta del Otro

$$◊a$: Fantasma

s(A): Significado del Otro

(Formaciones del inconsciente)

i(a): Yo. Imagen especular

I(A): Ideal

El golpe de una pérdida conmueve los cimientos del fantasma. El escenario que anuda y separa lo real con lo ficcional, que significa lo sustitutivo, tambalea. De allí que la muerte de un ser querido implique un encuentro con lo real, con lo traumático. Y, como se verá, los caminos del duelo podrán ser los bordes que propone Lacan en el *Seminario 10, La angustia*: desde la inhibición (ya Freud la plantea en "Duelo y melancolía"), el impedimento y el embarazo (en la línea de la dificultad), a la emoción y la turbación (en la línea del movimiento), el *acting—out* y del pasaje al acto. Aunque también el síntoma y el acto son respuestas posibles para los enlutados.

En este momento lógico ubicaríamos la enigmática sentencia freudiana de "Duelo y Melancolía": *La sombra del objeto cae sobre el yo*. Toda (o casi toda) muerte de alguien cuyo deseo causamos produce un pasaje por lo real. El sujeto se confronta con la ausencia del Otro como posible sostén de las garantías simbólicas e inevitablemente andará por las cornisas y los bordes de la angustia, tentado a seguir el destino del muerto.

La objetalización del deudo; la posibilidad de ser aplastado, arrasado por el objeto en la versión de culpa en lo real; la desubjetivación son destinos posibles luego de una muerte.

7.7.— *El velamiento del objeto en el duelo*

Todo lo que se viene trabajando explica que no es fácil la operación de separación en la subjetivación del duelo. Dada la complejidad del lazo entre el sujeto y su muerto, el desprendimiento requiere tiempo, que es planteado como la necesidad de "lo privado".

A pesar de que la posmodernidad convirtió la muerte en "una muerte higiénica", sin restos, en ese tiempo en el que la operación de alienación y separación va realizándose recurrir a los objetos del muerto adquiere valor sustitutivo. Se podría decir que desde las leyes de la lengua —y del inconsciente—, metonimia y metáfora, los rituales y la recurrencia a los objetos del muerto van permitiendo los movimientos de asujetamiento y separación necesarios para el desprendimiento, menos desgarrador cuando el sujeto puede sostenerse, aun desde una tenue sustitución fálica.

El historiador Phillippe Ariès afirma que este fue el origen del moderno culto a los muertos, culto que parece estar en desuso, pero en realidad ha tomado otros rostros, extraños a veces para muchos. Son rituales contemporáneos; por ejemplo: luego de la muerte de Mickel Jackson, miles de jóvenes y no tan jóvenes bailaron en todo el mundo vistiendo su atuendo. Esas cosas (atuendos o pequeños objetos con valor imaginario) se convierten en un signo que vela (y lleva en sí) lo que quedó desprendido con la muerte de un ser querido.

¿Cuántas veces los pacientes se apaciguan cuando vuelven a dar valor a una foto o encienden una vela; cuando, por medio del culto, renuevan una interlocución –diferente— con ellos? La restauración de la demanda, ligada al ritual, vuelve a dar cobertura fálica al objeto que había quedado al desnudo con la muerte. Público y privado envuelven lo íntimo–éxtimo—, el objeto *a*, y esto produce una pacificación del sujeto.

Toda la conceptualización lacaniana permite releer la descripción –ya tratada— que hace Jorge Jinkis (2013:192), de cómo las Madres de Plaza de Mayo lograron poner en funcionamiento el falo simbólico, Φ y hacer del acontecimiento (las desapariciones de hijos y nietos) un trauma. Y es que el trauma necesita por lo menos dos tiempos: "no tan sólo el golpe, también el registro de lo borrado como excluido. Producidas las desapariciones, había que asomar a la existencia ese agujero sin colmarlo, había que construir ese vacío (…) ese vacío es silencio y lo volvieron elocuente" (Jinkis, 2013, 241). Lo que el Otro Social había negado (el reconocimiento de los asesinatos) tuvo que ser inventado por ellas mismas. Esa "construcción social, histórica y política" que fue el acto inventado por madres y abuelas pudo circunscribir el hecho. Ellas y sus pañuelos se convirtieron en símbolo mundial de lucha por los derechos humanos. Y no sólo pudieron construir en lo público y en lo privado su duelo, sino que permitieron el duelo de muchos argentinos. Los actos públicos dibujaron un borde al agujero del trauma; circunscribieron un vacío que pudo pintarse luego con diferentes significaciones.

7.8.— Recortes Clínicos

7.8.1.— La subjetivación del duelo de una hija

Valeria es una muchacha muy joven cuando consulta. Su vestimenta, su cabello largo, muy negro y desprolijo denotan una joven "rara": la cara es muy blanca (tal vez esté empolvada finamente de blanco), marcadas ojeras. Parece un espectro. Es la menor de tres hermanos. Sus padres desaparecieron durante la dictadura. Su padre fue liberado y se exiliaron del país. Regresaron con la democracia.

Va a consulta, pero no sabe por qué. No habla; permanece muda como la tumba que su madre no tiene. La madre: la desaparecida. A la segunda entrevista llega rapada. La ausencia de palabras la precipitaba fácilmente en *acting— out* con el riesgo cercano de pasajes al acto. Durante este primer tiempo en la conducción del análisis se decide hacer uso del humor negro: se la llama *dark*. Con mucha dificultad comienza a hablar. Aunque insiste en que no sabe para qué va, luego de un tiempo de entrevistas tiene una pesadilla que vive casi alucinatoriamente y que da cuenta, sin embargo, de la transferencia: "Vomita –en el consultorio— un *alien*. Un objeto—animal que desparrama al costado del escritorio". Lo real del objeto apenas estaba disfrazado con una sombra fálica; sin embargo, ya hablaba de algo. Avanzando lentamente, se le pregunta sobre la desaparición de sus padres. Desde allí, con mucho sufrimiento, va armando alguna historia sobre ese secuestro, busca por qué a su padre lo "devolvieron", por qué se van del país. Hubo que contornear el *alien* mucho tiempo; sin embargo, el *alien* fue el comienzo de su palabra. En su casa nadie quiere saber nada más del horror. Después de un tiempo logra ir publicando en su diario una conmemoración a su madre, en cada aniversario del secuestro. Más tarde, avanza gracias a la intervención de lo público (que, ante la ausencia de cadáver hace imposible el duelo): milita en "Hijos". Gracias a todo lo que ello significó, en lo privado va armando la historia de su madre y la de ella, su ficción sobre el deseo del Otro: habla con amigos de su madre; encuentra escritos que ella había ido atesorando. Valeria puede continuar su análisis, cada vez con más palabras y transitando un duelo que comienza a subjetivar.

7.8.2.—Un duelo enloquecido

Adriana llega a consulta desde otra provincia. La traen porque de pronto enloqueció: alucina y parece poseída. Cuando baja del auto, la sujetan tres personas. Se llega a reconsiderar que tal vez habría que haberla citado en una clínica y no en el consultorio privado, al que entra con todos sus acompañantes. Habla del hombre que la sigue, que escucha todo. Afirma que no puede hablar allí porque el hombre escucha. Se le pregunta si el hombre escucharía si se hablara en voz baja. Comienzan así las sesiones entre murmullos. Dice que el hombre la sigue desde el día que murió su abuela. Estaba en la iglesia en la misa de cuerpo presente. Sigue hablando en voz baja. Se les pide a los acompañantes que se retiren para hablar tranquilas.

Durante esa entrevista relata minuciosamente la enfermedad y la muerte de la abuela. "Con la única que podía hablar". "Ella no iba a permitir que me pasara esto". Sigue hablando. Dice tener 17 años (se sabe que tiene 19). Habla del colegio, de sus amigas. El relato mantiene, a pesar de su apariencia delirante, una lógica fálica. Es posible advertir que —enloquecida— habla como si estuviera viviendo sus 17 años. Todo esto en voz baja para "que el hombre no escuche". Luego de una entrevista larga, se le pregunta, mirándola a los ojos: "¿Qué te pasa? ¿Por qué sufres tanto?" Llora desconsoladamente y comenta: "Estoy embarazada. No quiero tener este bebé así. Con la única que podía hablar era con mi abuela". De pronto es alguien que puede hablar de su sufrimiento en voz alta.

Su análisis continuó por otros carriles, pero parecía un ejemplo paradigmático de cómo la fragilidad del duelo puede enloquecer a alguien. La alucinación y el delirio de Adriana pudieron cesar cuando ella encontró un Otro que la escuchara.

CAPÍTULO VIII

Los rostros de la muerte y el duelo

Para mí, el Monumento no es lo durable, lo eterno (mi doctrina es demasiado profundamente la de Todo pasa: las tumbas también mueren), es un acto, un activo que hace reconocer.

Barthes, 2009, 146.

8.1.— La muerte y los enmascaramientos del duelo

Es necesario preguntarse por los recursos simbólico—imaginarios que la cultura provee para envolver lo real del trauma que ocasiona la muerte.

Freud, en *Tótem y tabú*, analiza –más allá de las teorías evolucionistas que primaban en la época– los modos en que, desde el surgimiento de la humanidad, los hombres sitúan lo prohibido en el área de lo impuro. Constata que tal prohibición es necesaria para todo orden social, pero que, paradójicamente, aquello prohibido, a su vez, tienta a transponer la ley y romper el lazo social. De esta manera Freud encontró una respuesta posible a la pregunta por el origen de la subjetividad y del lazo social: el humano surgió porque el lenguaje pudo separar lo real como resto. Cada sistema de pensamiento definió (y aún define) los contornos de la ley y de su transgresión. Esos sistemas legales, sistemas de pensamiento de cada época —lo público, en términos de Hannah Arendt— producen que, siendo efecto de estos sistemas, vasallos, esclavos de ellos [parafraseando a Freud en *El yo y el ello* (1923) y a Barthes, en *Lección Inaugural* (1977)] los humanos nazcan sujetados a esos sistemas, que les permiten representarse por la vía del significante. Y si este hace cadena —representa al sujeto para otro significante—, es porque el sistema del Otro simbólico delimita lo que cada cultura define como lo que debe quedar reprimido, en el lugar de resto, llamado por Freud incesto y parricidio (*Tótem y tabú*) o pulsión de muerte ("Más allá del principio del Placer"), y por Lacan objeto *a* –lo real— (1962—63).

La muerte de un ser querido siempre confrontó al humano con el vacío, con el desamparo. Por esto precisa de la totalidad de lo que cada cultura, grupo o comunidad (lo público) eche a andar para envolver lo real. Cada época o cada sistema de pensamiento designó arquitecturas políticas, legales y míticas que definieron estilos y modos de morir; maneras de juzgar la muerte, al muerto y al deudo. Se verá, entonces, cómo cada época propuso maneras de subjetivizar el agujero creado en la existencia, ubicando en algún lugar la falta como "culpa en sus versiones imaginaria, simbólica o real"[8], como maneras de anudar trauma, culpa y duelo. Cada época construyó un rostro a la culpa, permitiendo un juicio al deudo y al muerto. Cada época legisló desde lo público para que en lo privado y en lo íntimo pudiera realizarse el duelo, o sea –se insiste—, la separación del deudo y de la sociedad de sus muertos, al mismo tiempo que el mantenimiento de su memoria.

Como se vio al analizar *Tótem y Tabú*, los rituales no solo delimitaban lo vedado sino que evitaban la tentación a traspasar los bordes de lo sancionado como prohibido, con el fin de mantener la subjetividad de los deudos. Siempre las leyes se consensuaron para regular la tentación de los sujetos al apego de los muertos y permitieron su separación, operación indispensable indicada en la fórmula del fantasma como $\$\lozenge a$. Y esa operación de separación – también se explicó— es compleja.

El historiador Phillippe Ariès ha realizado una exhaustiva investigación en torno de la muerte en Occidente. Su libro "El hombre ante la muerte" (1999) recorre las diversas maneras de morir desde la Edad Media hasta lo que él llama "la muerte invertida" de la

---

[8] Marta Gerez Ambertín propuso para la culpa tres registros: "sentimiento, respuesta al Otro (deseo inconsciente) y pago sufriente de la subjetividad (desecho de la estructura, goce". 2007, 267

actualidad. Y es muy importante destacarlo, pues no es posible desconocer que las diferentes formas de morir tienen su incidencia en las variadas formas de duelo.

8.2.— Las primeras muertes

Puesto que de todas las situaciones misteriosas, perturbadoras y difíciles con que el hombre ha tenido que enfrentarse a través de las edades, la muerte parece haber sido la más demoledora, nada tiene de sorprendente que las más antiguas huellas de creencia religiosa se concentren en torno del culto a los difuntos. Se advierte no solo en la posición de los cadáveres; también en el ajuar que los acompaña. No son pocos los que ven, por ejemplo, en el ocre (óxido ferroso) con el que algunos muertos están cubiertos, la idea de remedar la sangre y con ello, la vida. En la Odisea, Ulises lleva sangre para que beban los muertos; gracias a ello podrá interrogarlos.

Nunca se sabrá qué ideas tuvieron nuestros ancestros sobre el destino que aguardaba a los difuntos; las intuimos en armas, enseres, "joyas", alimentos. En todos los elementos que componen los enterramientos; en el cuidado que los vivos se tomaron para asegurar lo que quizás creyeron un viaje, o una permanencia (en el lugar que luego el grupo abandonaría). Algunos los colocaron alejados de donde moraban, otros lo hicieron en las aberturas, o apenas unos metros debajo de ellos. En algunos casos descarnaron y preservaron los huesos; en otros, dejaron que las aves hicieran la tarea. Pero todos pusieron un cuidado especial y aceptaron desprenderse de alimentos, instrumentos, objetos preciosos para que acompañaran al difunto. Nunca fue el cadáver una cosa de la que desembarazarse sin más.

Dos ejemplos vienen a cuento: el canto final de la Ilíada y el tema central de Antígona. En el primero, Príamo arriesga su vida para conseguir que el matador de su hijo le entregue el cadáver (que los dioses han conservado impoluto) para brindarle los ritos funerarios; en el otro, Antígona muere por su intento de impedir que el cadáver de su hermano no sea enterrado. "Mas tocante al cadáver de Polinices, muerto miserablemente, se asegura que ha ordenado por pregón a los ciudadanos que no se le guarde una tumba, que nadie lo llore, que se le deje sin lágrimas, sin sepultura, sabroso pasto de las aves ansiosas de alimento" (Sófocles, 106). El destino que aguarda al insepulto, al que no ha recibido el cuidado de los ritos funerarios, es peor aún que el de los que llegan a la mansión de Hades. Atormentado y atormentando a los vivos vagará eternamente sin hallar jamás el reposo.

La aparición de la escritura –algo bastante "reciente" en los muchos milenios que nos separan de los primeros *sapiens sapiens*– permite tener una idea más cabal de lo que los hombres elaboraron alrededor de la muerte y los muertos.

El Antiguo Testamento refleja una idea del "más allá" que recoge, en cierta medida, las concepciones del mundo sumero—acadio en las que abreva gran parte de sus mitos. Así, los muertos pueblan un lugar difuso de sombras y polvo donde vagan para siempre. El cristianismo, en cambio, recogerá su idea de Paraíso de los grecorromanos Campos Elíseos, pero será para los elegidos, al tiempo que agregará a las sombras y el polvo el calor abrasador del Infierno. Pero mientras los Campos Elíseos son, puede decirse, una dependencia del mundo subterráneo en el que moran los muertos, el cristianismo trasladará a los elegidos a las alturas, al "cielo", idea que no tuvieron ni romanos ni griegos, ya que el Olimpo (el cielo) estaba reservado a los dioses, que *no conocen la muerte* –como explicaba Homero–. Y no solo no la conocen: ni siquiera pueden entrar en contacto con ella. Ártemis no puede acercarse a Hipólito moribundo: "no me es lícito, a mí, ver a los muertos, ni hollar mi vista con los soplos de los que mueren, y a ti te veo ya vecino a ese mal"(Homero, 505). Hipólito hace un último pedido a su padre: "con velos recubre mi rostro de inmediato" (505). La cara del muerto debe ser *velada*.

El poema liminar de Occidente, la Ilíada, finaliza con los funerales de Héctor, guerrero ejemplar que ha muerto defendiendo su ciudad. Durante nueve días se acarreó madera para su pira.

Y cuando Eos reapareció por décima vez alumbrando a los mortales, depositaron, vertiendo lágrimas, al bravo Héctor en lo alto de la pira y le prendieron fuego. Y cuando una vez más reapareció Eos la de los dedos sonrosados, que nace a la mañana, se reunió todo el pueblo en torno de la pira del ilustre Héctor. Y reunidos ya, apagaron primero con vino negro la pira en que la fuerza del fuego había ardido. Luego, gimiendo, recogieron los huesos blancos del cadáver sus hermanos y sus compañeros; y las lágrimas les corrían por las mejillas. Y colocaron en una urna de oro los huesos humeantes, y los envolvieron en peplos purpúreos. Luego la dispusieron en una fosa abierta que cubrieron con grandes piedras, y sobre ella erigieron la tumba. (…) Luego, acabada ya la tumba, se retiraron, y en las moradas del rey Príamo, criatura de Zeus, se reunió la muchedumbre a fin de tomar parte en una comida solemne.

Y así fue como se llevaron a cabo los funerales de Héctor, domador de caballos (505).

El proceso que se inicia con el lavado del cuerpo y finaliza en la comida ritual es el camino de "separación" que recorren los deudos. Los ritos fúnebres aseguran a los vivos el no retorno del muerto, y a este su viaje final a la mansión de Hades.

Roma conoció rituales similares provenientes de la común raíz indoeuropea. Pero la ciudad conformada y dirigida por los *Patres* fue más insistente en el culto doméstico. El jefe militar que desfila victorioso en el triunfo que el Senado le otorga, lo hace precedido por retratos o esfinges de sus antepasados, para lo que se toman mascarillas en yeso del rostro de los muertos. La *domus* romana tiene un lugar consagrado a los dioses *Penates*, que no son sino espíritus de los antepasados que custodian la casa y la familia. Pero nada de esto implica una comunión o "convivencia" con los muertos.

La Ley de las Doce Tablas de Roma (siglo V A.C.) prescribía: "que ningún muerto sea inhumado o incinerado en el interior de la ciudad". Se repite en el código de Teodosio, que ordena sacar de Constantinopla todo despojo funerario: "Que todos los cuerpos encerrados en urnas o sarcófagos, sobre el suelo, sean levantados y depositados fuera de la ciudad" (Ariés, 1999, 33).

En la Antigüedad se mantenía la distancia entre vivos y muertos, y había un lugar para estos. "Se honraban las sepulturas, en parte porque temían el regreso de los muertos, y el culto que consagraban a las tumbas y a los *Manes* tenía por objeto impedir a los difuntos 'volver' para perturbar a los vivos" (34). El lugar de unos debía estar separado del lugar de otros, se evitaba el contacto, a excepción de los días de sacrificio.

De las sentencias atribuidas al jurisconsulto Paulo (s.III), la XXI está consagrada a los sepulcros y los lutos:

— No está permitido enterrar un cuerpo en la ciudad, para que los ritos de la ciudad no sean deshonrados.

— No puede darse un cuerpo a la sepultura o hacerse la incineración dentro de los muros de la ciudad.

— Quien haya desnudado un cuerpo entregado a perpetua sepultura o depositado temporalmente en algún lugar, y lo haya expuesto a los rayos del sol, comete sacrilegio.

— No existe el derecho de habitar ni junto a un monumento ni sobre un monumento, pues se comete sacrilegio por el contacto de un uso humano.

— Se puede llevar luto, durante un año, por los padres y por los hijos mayores de seis años; por los menores, durante un mes; por el marido, durante diez meses, y por los cognados de grado más próximo, durante ocho. Quien obrara contrariamente, es tenido en el número de infames.

— Quien lleva luto, debe abstenerse de convites, ornamentos, de púrpura y de vestimenta blanca (Goddard, J. Biblioteca Jurídica Virtual)

Por lo demás, los muertos no son un asunto "privado" en la *polis* o en la *urbis;* el descuido o la profanación implican a la ciudad, a lo público. Como el crimen de Edipo, la falta es arrostrada por todos; de allí que se tenga un especial cuidado con el tratamiento y los rituales mortuorios.

8.3.— La muerte medieval

Luego del período oscuro que siguió a las invasiones bárbaras –cuando el mundo romano se hundió bajo la llegada de múltiples pueblos que acabaron con las más grandes realizaciones del mundo antiguo—, el cristianismo emergió como religión triunfante. Paulatinamente, los reinos bárbaros lo fueron adoptando y allí se refugió lo que quedaba de la cultura antigua.

¿De qué manera el cristianismo como lenguaje impuso reglas, constricciones, represiones, masivas y aún vagas, en el tejido social? ¿Qué prohibiciones instaló?; ¿cómo organizó la vida y la muerte? Impregnado al principio del paganismo antiguo, fue imponiendo su legislación sobre la muerte y elaboró, casi minuciosamente, un capítulo que la Antigüedad clásica apenas había esbozado: el destino del muerto. Comparable con la religión egipcia, que describía hasta en detalles el viaje del faraón hacia los dioses supremos con los que se reuniría –odisea que no desarrollaron hebreos, súmeros, griegos ni romanos—, el cristianismo, inspirado en el prometido regreso de Cristo a la tierra, condensó las religiones orientales del Dios que muere y resucita, la filosofía estoica y la moralidad hebrea. La muerte será, así, un paso hacia una existencia en la cual eternamente se gozará de la gracia o eternamente se sufrirá el castigo. El Paraíso se sitúa a la vera de Dios, que habita en los cielos, y al Infierno marchan aquellos mancillados por el pecado.

Durante el medioevo lo político, lo lingüístico y lo legal estuvieron impregnados de lo religioso. Era Dios quien en las cruzadas pedía la vida por la fe. Morir como un santo era la mejor forma de morir. De esta manera el cristianismo y la monarquía se aseguraban el poder mientras administraban el sistema de prohibiciones y sanciones que se definían aun después de la muerte.

Se muere cristianamente, "en santidad", pero además la muerte, en la Edad Media, "avisa". "Está regulada por un ritual consuetudinario. La muerte común, normal, no tomaba a nadie traidoramente, aunque fuera accidental a consecuencia de una herida. Su carácter esencial es que deja tiempo para el aviso" (Ariés, 13). Nadie sabe tanto sobre la propia muerte como el que va a morir. Por eso la muerte repentina era infamante y vergonzosa. Signo de la cólera de Dios. La *mors repentina* hablaba de la condena terrenal o divina.

El que iba a morir, aun en batalla, tenía tiempo para algún ritual. Para despedirse, para dar algún mensaje o para arrepentirse. Sobre todo si se batallaba en defensa de la fe cristiana, como termina siendo en la *Chanson de Roland*. El héroe, confesando sus culpas, pide perdón a Dios:

> ¡Mi Padre verdadero, tú que nunca mentiste, que hiciste que San Lázaro saliera de los muertos, y a Daniel en el foso, de los leones salvaste, preserva el alma mía de todos los peligros que crearon las faltas que cometí en mi vida! Ha ofrecido al Señor el guante de su diestra, y recibió la ofrenda San Gabriel de su mano. Inclinó la cabeza sobre su brazo el conde, y con sus manos juntas se ha orientado a su fin. El ángel Querubín fue enviado por Dios, San Miguel del Peligro fue enviado también y vino San Gabriel en conjunto con éstos. Los tres llevan el alma del conde al

Paraíso. Murió Rolando y su alma tiene Dios en los cielos (1947, 112).

El lamento de Carlomagno al descubrir el cadáver de su sobrino guarda similitudes con el de Aquiles ante el de Patroclo.

Le invade gran piedad, llora sin contenerse. El rey entre sus manos toma el cuerpo del conde, y sobre él se desmaya, tanta angustia le acosa. Se repone el rey Carlos de su fuerte desmayo. Mira hacia tierra en donde su sobrino está muerto. Aun su cuerpo es gallardo, pero perdió el color, y las tinieblas cubren sus ojos extraviados. Con fe y amor por él, Carlos dice su cuita: « ¡Que Dios, Rolando amigo, ponga tu alma en las flores, allá en el paraíso, con los glorificados» Después, con ambas manos se arranca los cabellos (1947, 112).

El dolor invade a todo el ejército franco, juntan los cadáveres y los introducen en una fosa común. "La mirra y el tomillo los sacerdotes queman, poniendo mucho celo los inciensan a todos, con gran pompa enseguida, proceden a enterrarlos, después allí los dejan ¿qué más pueden hacer?" (1947, 112).

El cronista disculpa al ejército por tan pobres ritos mortuorios. Pero Carlomagno asigna un destino mejor a su sobrino y a sus condes principales:

Manda el emperador que a Roldán amortajen, que a Turpín y Oliveros amortajen también: en su presencia el rey ordena que los abran, y que en paño de seda guarden los corazones, luego en blanco sarcófago de mármol los encierran. Después toman los cuerpos de aquellos tres barones, y a estos señores dejan sobre pieles de siervo, muy bien lavados antes con aromas y vinos (1947, 112).

Pueden advertirse algunas similitudes entre los ritos de la antigüedad y los cristianos, tanto en el tratamiento del cadáver como en las muestras de dolor de los deudos, si exceptuamos esta conservación de los corazones, que tuvo amplia difusión durante la Edad Media y que se relaciona con el culto a las reliquias: astillas de la Cruz, hueso de algún santo, restos del Sudario y hasta la fábula del Santo Grial con la que se relacionan los relatos de la Tabla Redonda. De todos modos, este culto a las reliquias (que en cierto modo hace recordar el "culto al cráneo" de los hombres primitivos) más que relacionarse con un culto a los muertos aseguraba o la protección o una ayuda especial (del santo) a los vivos.

El hecho es que la existencia de vida después de la muerte no dejaba lugar a dudas. Lo que se dirimía era adónde se iría. En todo caso la forma de morir "era signo" de aceptación o castigo de Dios. El cristianismo imprimía el saber sobre la muerte y sobre las culpas, que estaban más localizadas sobre el muerto.

La muerte villana no era solo la súbita, sino la que no tuvo testigo ni ceremonia: la del viajero en el camino, la del ahogado en el río, la del desconocido cuyo cadáver se descubre a la vera del camino. Poco importaba si había sido una muerte inocente: haber sido súbita la marcaba como una maldición.

Se podía morir como un santo o como un pecador. Rolando muere como un santo. A los condenados, sin embargo, se les negaba incluso el perdón religioso. Era preciso que fueran malditos en el cielo como en la tierra. Recién en el siglo XIV los monjes mendicantes consiguen el permiso para acompañar a los reos al cadalso.

El moribundo medieval, por lo general, pide perdón a sus compañeros, se despide de ellos y se encomienda a Dios. Su alma debe reposar en el cielo. Todos aceptaban la muerte apaciblemente. No solo no demoraban el momento de las cuentas sino que se preparaban para ellas con antelación: decían a quién irían a parar los animales y otras pertenencias, y se apagaban con una especie de alivio, como si simplemente debieran cambiar de morada. Después de su adiós al mundo, el moribundo encomendaba su alma a Dios. En alta voz decía sus faltas, y con las manos unidas y alzadas hacia el cielo, rogaba que se le diera el paraíso.

El cristianismo pintó de sencillez y publicidad la muerte. Se la aceptaba mansamente y se moría en el centro de una reunión familiar. Los sujetos eran intérpretes de signos acerca del aviso de la muerte; por eso, el moribundo era quien más sabía de ella. Se llamaba a todos, incluso a los empleados; el agonizante se despedía de cada uno y luego expiraba. La muerte en sí misma era decisión divina y demarcaba el juicio de Dios. No había más que resignarse a ella. Pero la verdadera sentencia sobre cómo había sido su vida la daba el Juicio Final. Mientras tanto, el muerto deambulaba hasta ser recibido en el paraíso.

Según Ovidio, cuando celebraban *Feralia*, día de los muertos, los romanos sacrificaban a *Tacita*, "la diosa muda". Era un pez con la boca cosida, en alusión al silencio que reina entre los Manes, el lugar consagrado al silencio. Ese día también se llevaban ofrendas a las tumbas (recordar que los muertos, en ciertos momentos y en ciertos lugares, salían como las imágenes de un sueño y podían perturbar a los vivos). Pero, básicamente, para el paganismo, los muertos eran sombras.

Con el cristianismo lo importante son la resurrección de la carne y el juicio final; quizás por ello dejaron de hacerse ofrendas a los muertos. Se impuso la eucaristía como representación del sacrificio del cuerpo de Cristo, y se exageró la insensibilidad de los muertos. Lo importante era el regreso, al final de los tiempos, del Salvador, que iba a permitir la resurrección de los cuerpos de aquellos que habían muerto en la fe. Las liturgias medievales y galicanas, que serán reemplazadas en la época carolingia por la liturgia romana, citan los *nomina pausantium*, invitan a rezar pro *spiritibus pausantium* (las almas de los durmientes). La extremaunción reservada a los clérigos, en la Edad

Media, es llamada *dormientium exitium* (el sacramento de la muerte de los durmientes). Y si los muertos dormían, era en un jardín florido. El paraíso de Turpín y el de Rolando apenas son diferentes de las "frescas praderas" del Elíseo virgiliano, "que riegan riachuelos", o del jardín prometido por el Corán.

En la Antigüedad el Hades designaba la morada tradicional de los muertos, lugar de espera más que de suplicio. Fue más tarde, cuando la idea del juicio dominó, que los infiernos se convirtieron, para toda una cultura, en lo que eran solamente en casos aislados: el reino de Satán y la morada eterna de los condenados.

En definitiva, el cristianismo de la Edad Media Occidental produce un modo de relación con la muerte que Ariès llama "la muerte domada". Hay una familiaridad con ella y una resignación ingenua y espontánea al destino, a la naturaleza y a Dios. Con los muertos hubo una actitud simétrica: indiferencia hacia las sepulturas y las cosas funerarias. Las ofrendas que antes aplacaban a los muertos, transmudó en eucaristía.

Se dijo que en la Antigüedad se temía a los muertos, a pesar de la familiaridad con ellos. De allí las ofrendas (una forma de encubrir la angustia y darle significación: *para que noregresen los muertos*) y el culto a las sepulturas.

Con el cristianismo los muertos dejaron de causar miedo en virtud de la fe en la resurrección de los cuerpos, asociada al culto a los antiguos mártires y sus tumbas. El pueblo cristiano —sin embargo— fue conciliando fe en la resurrección con el culto tradicional a las tumbas: los muertos fueron enterrándose cerca de los mártires para asegurarles el ingreso al paraíso.

Elizabeth Roudinesco plantea que en esta época la vida y la muerte pertenecían a Dios; entonces, todas las prácticas relacionadas con una y con la otra estaban teñidas del poder cristiano sobre los hombres.

'El cuerpo cristiano, vivo o muerto —escribe Jacques Le Goff— se halla a la espera del cuerpo de gloria que revertirá si no se complace en el cuerpo de la miseria. Toda la ideología funeraria cristiana jugará entre el cuerpo de la miseria y el cuerpo de gloria y se ordenará en torno del desgarramiento del uno hacia el otro' (…) Más que cualquier otro, el cuerpo del rey estaba marcado por ese doble destino. Tal es la razón de que los restos corporales de los monarcas, al igual que los de los santos, fueran objeto durante siglos de un fetichismo especial, de corte pagano (Roudinesco, 2009, 24).

Se iba enterrando en función de la creencia en el poder milagroso de aquellos elegidos: mártires, santos, reyes. Fueron armándose así, verdaderos barrios cementeriales.

Por un lado, cada población disponía de su basílica cementerial, y por otro, la iglesia del obispo o catedrales, que no tenían sepulcros. En una, la muchedumbre de fieles peregrinos y en la otra, la administración episcopal y el clero. Al principio el cementerio estaba lejos de la ciudad. Luego, con la costumbre de enterrar al cerca de mártires, santos y reyes, cementerio y ciudad convivían. La lógica de la salvación en la resurrección fue ordenando la geografía de la ciudad, de los cementerios y de las iglesias. Los barrios fueron construyéndose alrededor de la basílica cementerial.

Estos son los inicios del debilitamiento de la repulsión que los muertos inspiraban en la Antigüedad. Su penetración en el interior de las murallas, en el corazón de las ciudades, significa el abandono completo de la antigua prohibición y su sustitución por una actitud nueva de indiferencia o familiaridad. Desde ese momento, y por mucho tiempo, los muertos han dejado de dar miedo. Las basílicas cementeriales se llenaron de restos mortales y comenzaron a usarse las palabras *ecclesia* y *cimenterium,* que son casi sinónimos. *Cimenterium* era "una iglesia en que eran inhumados los cuerpos de los difuntos". El *aître* (atrio) y el *charnier* (carnario), partes de las basílicas cementeriales, fueron agrandándose dada la enorme demanda de espacio para enterrar en ellas a los muertos. De allí surge la palabra cementerio. El *aître* era un patio o una galería de la iglesia, el *charnier* era una galería u osario que iba armándose encima de bóvedas en las iglesias. El rasgo más sorprendente del carnario era la ostentación de los huesos (hasta el siglo XVII los huesos afloraban incluso en el suelo, mezclados con piedras y guijarros). El *aître—charnier* duró hasta finales del siglo XVIII.

8.4.— *La muerte moderna*

El desarrollo de Europa, el afianzamiento paulatino de las monarquías nacionales que domeñan a los señores feudales en beneficio de las ciudades, el florecimiento del comercio y de la banca, en fin, ese resurgir de la civilización occidental que se dio durante el siglo XII, sufre una quiebra. A los desastres de las interminables guerras entre las monarquías nacientes se agrega la muerte que ha arribado de Oriente traída en los barcos que surcan el Mediterráneo. En 1348 llega la peste bubónica. En algunos sitios arrasa con casi el 50% de la población. La enorme disminución de los habitantes, la escasez de mano de obra barata, la consecuente movilidad económica y social, incidió no sólo en la economía sino en toda la vida y en la producción tanto del campesinado como de la nobleza. La muerte dejó de ser paso a otra vida para ser descomposición. Hacia finales de la Edad Media, comienzos de la Moderna, la producción artística mortuoria vino a ocupar el lugar que antes tenían los ropajes, sudarios –en telas con hilos de oro— o máscaras mortuorias. En el lugar de la muerte y de los muertos, el arte inventó pinturas, esculturas, literatura. El arte moderno fue el signo de un amor apasionado por el mundo terrestre y de una conciencia dolorosa del fracaso al que está condenada la vida de hombre. La muerte comienza a significarse como final (de allí el apego a las cosas que resisten el aniquilamiento del paso del tiempo) y a "vestirse" escenificándola en arte. Se les dio a las cosas otro valor de representación, surgieron gran cantidad de obras, esculturas y pinturas que caracterizaron la época.

Los historiadores sitúan el inicio de la Modernidad entre mediados del siglo XV y principios del XVI: sea desde la toma de Constantinopla por los turcos en 1453 —coincidente en el tiempo con la invención del telescopio y de la imprenta, el desarrollo del Humanismo y del Renacimiento, procesos a los que contribuyó la llegada a Italia de exiliados bizantinos y textos clásicos griegos—, sea por el "descubrimiento" de América (1492), sea por la Reforma Protestante (1517).

Sobre este inicio, Hannah Arendt afirma:

> A los ojos de sus contemporáneos, el más espectacular de estos acontecimientos debe haber sido el descubrimiento de continentes no vistos ni oídos, y de océanos no soñados; el más turbador pudo haber sido la irremediable partición de la cristiandad occidental por la Reforma, con su inherente desafío a la ortodoxia como tal y su inmediata amenaza a la tranquilidad de las almas; seguramente el que menos llamó la atención fue la adición de un nuevo aparato al ya amplio arsenal de instrumentos, cuya única utilidad era observar las estrellas, aunque se trataba del primer instrumento puramente científico que se diseñaba (Arendt, H. 2004, 278).

De una u otra manera, estos acontecimientos tomados como hitos de partida, no habrán sido inocuos en la producción del estilo moderno y en la relación que la Modernidad tuvo con la muerte. La muerte dejó de pertenecer a Dios, al mismo tiempo que la corta durabilidad de la vida produjo grandes avances científicos, económicos, artísticos y sociales.

En la Modernidad la muerte visitaba no solo a una persona o a una familia, sino a la comunidad toda. El tejido social temblaba y reaccionaba ante ella. El cementerio pasó a tener vigencia cívica pública y fue tomando carácter de referente. Era el lugar de pertenencia de todos los habitantes de la población: ricos, pobres o clero. La noción de un orden divino cae en el crepúsculo del poder a favor de la idea de las leyes naturales que rigen el mundo. Los hombres van librándose de los vasallajes de la religión y de la monarquía.

Hannah Arendt, en *La Condición Humana*, ubica el surgimiento de lo privado anudado a lo íntimo en esta época. La aparición de la propiedad privada y de la vida cívica en la burguesía y en el campesinado imprimió un plus de valor a los objetos. Ese valor se medía no sólo en el mercado sino por lo que para cada uno significaba en su historia. Los objetos materiales de valor que sobrevivían al ser humano comenzaron a pasar de una generación a otra llevando en sí ese "plus": el de la pertenencia, el valor de lo inmaterial que se transmite en la materia. Pero también comenzaron a valorarse las herencias de bienes inmateriales, esos que hacían a las biografías, a las novelas familiares, a la genealogía.

Además, la vida comenzó a pertenecer al hombre y dejó de estar absolutamente en manos de Dios. Arendt ubica en la Modernidad el surgimiento de la propiedad privada y de los procesos de producción.

La conquista de América (que no hubiera sido posible sin el avance de la ciencia) considerada el comienzo de la Modernidad, alimentó las arcas europeas incidiendo directamente en la expansión del sistema capitalista. Por otro lado los pobladores de las tierras colonizadas fueron prácticamente exterminados o sometidos; desde una lectura actual, debiera pensarse en los efectos de la destrucción de sus lenguas, mitos, leyendas y religiones, pero eso será el tema de otra investigación.

No solo la tecnología había avanzado: la Reforma Protestante y su respuesta, la Contrarreforma Católica, se produjeron luego de la sangrienta conquista. Lo cierto es que en la Modernidad el duelo fue soltándose de la mano del poder del cristianismo.

Se modificó para siempre el edificio de la muerte, ese anudamiento de lo público, lo privado y lo íntimo que permitía una respuesta al ¿para qué vivir?; ¿para qué morir?; y con ello, los lazos con las leyes y con los semejantes. El espejo del mundo había cambiado.

En la Modernidad se mantuvo el carácter ritual del duelo hasta pasado el siglo XVII, conocido como el "siglo de las vanidades", cuando empieza a surgir un cambio imperceptible: la muerte va haciéndose silenciosa, discreta. Se comienzan a enterrar los difuntos bajo tierra y sin tanta pompa. En 1775, se decide en Francia el cierre de los cementerios antiguos, esos construido en patios de iglesias, y se prevé la creación de otros muy diferentes. Se llama a concurso de proyectos. La oficina del procurador general de París recibe, entre 1770 y 1780, varias memorias que contenían propuestas y ofertas de servicios para las "catacumbas", nombre frecuentemente dado a los nuevos cementerios.

En esta Francia pre—revolución el cementerio reproduce en su topografía la sociedad: todos reunidos en el mismo sitio, pero cada uno en su lugar según la distinción de su nacimiento. En 1801 el ministro del interior, Lucien Bonaparte, invitó al *Institut deFrance* a sacar a concurso el siguiente tema: "cuáles son la ceremonias a hacer para los funerales y el reglamento a adoptar para el lugar de las sepulturas. En estas ceremonias no debe introducirse nada que pertenezca a un culto cualquiera; por tanto se pretende suscitar un modo laico" (Ariès, 420). Las memorias presentadas muestran que las sepulturas deben estar fuera de la ciudad por razones de higiene.

Lo que ha sucedido es que lo esencial ha pasado a ser la relación afectiva entre el desaparecido y el superviviente, y en función de esta relación privada se discuten las medidas que se vayan a adoptar. La muerte importa como separación de los seres que se aman. Este es, según Ariès, el sentimiento del hombre en 1800. Luego de la Revolución francesa, se postula que "los hombres de todas las sectas (por religiones) serán colocados uno junto a otro en ese asilo de paz donde parece que las opiniones ya no deberían poner diferencias entre ellos" (421). Por eso no ha de haber cruces en el cementerio ideal.

Sin embargo, es necesario instaurar algún culto. Las ceremonias han de ser a un tiempo simples y conmovedoras, despertar la sensibilidad, dirigirla hacia un fin moral y religioso. Y serán laicas, aunque se toleren servicios confesionales.

Los cementerios serán grandes espacios verdes sin construcciones ni monumentos; los atravesarán riachuelos, los adornarán álamos y sauces llorones, "será un lugar a donde se vaya a pasear la melancolía, a donde el hijo no ignore la tumba donde reposa su padre" (423).

En el siglo XVIII el acento del duelo estaba puesto en el amor al muerto, no en el destino final de su alma. Pero aun tomando un rostro distinto del de la religión cristiana, deudas y culpas no se destejen en el culto a los muertos. El encuentro con la falta de un ser querido enfrenta al deudo con su deuda, de uno u otro modo.

8.5.— *La muerte contemporánea*

Más próxima a nuestros tiempos, la humanidad hubo de soportar múltiples destrucciones, alimentadas por la explosión de la ciencia y de la tecnología: dos guerras mundiales en una sola generación. El surgimiento —y la proliferación— de los campos de concentración y exterminio; la destrucción masiva por explosiones atómicas, y el riesgo de que ocurran otras, por "accidente" o por la diseminación de estas armas ya sin reglamentaciones que intenten hacer "seguros" sus usos; el triunfo del capitalismo montado en la tecnociencia, entre otros factores, han permitido la prolongación de la vida en las clases económicamente pudientes. Pero por otro lado imprimieron una "codificación" de la cultura: fue transformando las lenguas en códigos (científicos, tecnológicos, económicos, etc.) por medio de los cuales todo pretende ser "medible", calculable con exactitud; y los lenguajes se han vuelto "información" comprable y vendible según valores en la Bolsa. La vida subjetiva va aplanándose, perdiendo posibilidad de representación, automatizándose, obedeciendo cada vez más los mandatos del sistema, perdiendo la metáfora, que es el recurso para "desobedecer", "abjurar" e incluso "revolucionar" los sistemas.

Hasta la modernidad los rituales trataban de inventar, disfrazar, encubrir lo real de la muerte. Desde el Renacimiento –que retoma los valores de la Antigüedad Clásica— la vida humana fue adquiriendo "un plus", un más de valor. Surgió, justamente, cuando la muerte no fue considerada designio divino sino carroña. Y si bien se creía en Dios y en su juicio, no se dejaba todo en sus manos. Se amaba apasionadamente la vida; por lo tanto se disfrazaba la muerte con el arte, y la enfermedad, con la ciencia.

En nuestro tiempo los genocidios tecnificaron la muerte: los medios de difusión pueden "disimular" las guerras (mostrarlas "higiénicas", sin sangre, en difusión masiva) y formar opiniones a su favor ("inventar" causas para guerras "razonables"). Los cadáveres, desde los totalitarismos del siglo XX, pueden "fabricarse" como se "fabrican" o industrializan jabones, champús o terneros, y transformarse en problemas "técnicos". Esto fue así tanto con el nazismo como durante el proceso genocida argentino. Los cadáveres fueron un problema "técnico", en uno caso, los incineraron; en el otro los desaparecieron.

Inmediatamente después de Auschwitz, todos los términos que supuestamente definían lo propio del hombre fueron objeto de un serio cuestionamiento. Puesto que el hombre había podido inventar, gracias a los progresos de la ciencia y de la técnica, un modo de exterminio del hombre como jamás se había producido en la historia de la humanidad, urgía preguntarse cuál era su lugar en el seno del mundo viviente [183] escribe Roudinesco.

Y si los totalitarismos del siglo XX inscribieron las "novedades" que cuajaron con el nazismo —la tecnificación y la masificación de la muerte—, por supuesto la vida fue perdiendo el valor, la pasión amorosa que había aparecido en el Renacimiento y que se había ido consolidando con las revoluciones, tanto la francesa como las americanas, de las que aquella fue simiente.

¿Cómo ponerle máscaras a la muerte actual? ¿Cómo permite lo público que en lo privado el deudo no se pierda? ¿Qué marcas dejan el lenguaje, la cultura, los rituales, las lenguas en la subjetividad del deudo de hoy? Ya se dijo que la ciencia transforma la lengua en código, el saber en información, la creación en técnicas. En definitiva, se esfuerza por producir un hombre diferente. Pero es cierto que banaliza el horror de la muerte, y eso no puede suceder sin consecuencias.

En la contemporaneidad, por primera vez en la historia de la humanidad, se nace y se muere en el hospital. Los momentos capitales de la existencia, aquellos que ponen en juego más profundamente la identidad, la vida y la muerte, se sitúan lejos del cuadro familiar, del hogar doméstico; se sitúan en el escenario aséptico y funcional, pero anónimo, de la clínica o del geriátrico. Los individuos solitarios se deslizan discretamente hacia la muerte fingiendo no saberlo para no conmover a sus prójimos. La muerte es silenciosa, lo contrario de la de antaño, y aunque tiene incidencia en lo público, porque va trasmitiéndose como costumbre, casi no es una ceremonia pública; ha devenido un acto privado: se muere en la asepsia de las terapias intensivas sin el acompañamiento de la familia.

Sin embargo, y a pesar de todo, lo público se hace escuchar, a veces, en retazos. Las redes sociales son lugares donde, sorprendentemente, se da cuenta del dolor del deudo.

Al principio del siglo XX subsistían aún dos momentos de comunicación entre el moribundo y la sociedad: los últimos días de vida, en los que el moribundo recuperaba la iniciativa, y el duelo.

Desde la segunda mitad del siglo XX –luego de las grandes guerras y exterminios— hay un intento de supresión del duelo, pero ese intento fracasa. No se les habla a los niños de la muerte, pero estos juegan en Internet con vivos y difuntos. ¿Será otra manera de enfrentarla? Decayeron el luto y la solemnidad de los funerales tal como estaban previstos en la modernidad, pero se crean nuevas maneras de "rememorar" a los muertos.

El culto a las tumbas ha sido con frecuencia sustituido por un culto del recuerdo hogareño: la cremación del cuerpo casi sustituyó al entierro, se esparcen las cenizas en lugares amados por el muerto y por el deudo, en los aniversarios o algunas festividades se ponen flores en la casa, junto a las fotografías. Son otras maneras de cumplir el rito. Es que hoy se puede admitir la naturaleza personal y privada de la nostalgia, pero se intenta rehusar el carácter público del duelo. Sin embargo, se hace presente en obituarios publicados en periódicos o en las cadenas de internet.

El dolor de la nostalgia puede sobrevivir en el corazón secreto del superviviente, pero parece ser la regla en Occidente manifestar moderadamente el dolor en público. A veces, sin embargo, la muerte se monta en un espectáculo. Un ejemplo fue el funeral de Michael Jackson, por el que se cobró la entrada más cara de sus *shows*. Se intentaba que la subjetividad de sus *fans* quedara excluida. Pero los seguidores de Jackson montaron sus maneras de hacer el ritual. No fueroncondenados — se dijo en el capítulo anterior —al silencio.

En todo caso, en los montajes de espectáculos mediáticos la posibilidad de subjetivar el duelo se introduce por los espacios que no controla el mercado globalizado, más allá de lo que cotiza en Bolsa. A pesar de todo, se puede hablar de *intentos* por excluir el tema de la muerte, y entones, el llanto y las señales el duelo son consideradas *panic attack* y necesitan inmediatamente una droga, pues quienes lo muestran están enfermos.

Es cierto, se visita menos al deudo personalmente. Sin embargo nuevas maneras se van produciendo: no son ya el silencio del enlutado en medio de un entorno solícito e indiscreto, son otros, en los que participan las nuevas tecnologías: mensajes de texto, *whatsapp* y hasta *facebook* se visten de duelo. Lo público interviene de otra manera, por otros medios, con la preeminencia tecnológica. La sociedad no soporta ver al cuerpo muerto ni a los parientes que lloran, pero la subjetividad va inventando otras maneras de hacer reconocer la pena y de ritualizar la muerte. Dicho de otro modo; el avance de la ciencia y de la tecnología asociadas al neo—capitalismo, sin otra regulación que la del mercado, intenta producir el rechazo, la exclusión de la muerte. Sin embargo, ¿cómo excluir de la subjetividad el impacto de lo real? El sujeto construye nuevas formas, que parecen extrañas porque apelan a las nuevas escrituras del lazo social de nuestra contemporaneidad y porque están asediadas por la utilización que el mercado quiere hacer de la muerte. Pero son un instrumento que los sujetos han encontrado para expresar el dolor sin enfermar.

Vaya un ejemplo: un ídolo de la canción como Roberto Sánchez, más conocido como Sandro, sufrió una larga agonía. El mercado participó de esa agonía: era difícil que un trasplante de órganos funcionara en un hombre próximo a los 70 años. Pero Sandro se aferraba a la vida que le ofrecía la neotecnología médica y tenía derecho. Miles de seguidoras y seguidores (no solo sus llamadas "chicas") acompañaron la agonía de Sandro. Él obtuvo su trasplante, y su muerte, un uso mediático. Mostrar "su posible recuperación" elevaba el *rating* de los medios y volvía creyentes a miles en los "milagros" de la medicina. Sus discos y sus videos se vendieron más que nunca; las ventas crecieron aun cuando Sandro murió a principios de enero 2010. La inconsistencia del Otro tecnológico quedaba a cielo abierto, pero tanto sus deudos más cercanos que cuidaron la privacidad y la intimidad de su dolor, como los miles de admiradores/as hicieron su peculiar duelo. Las rosas rojas acompañaron el cortejo, pero también se esparcieron por todo el país; cada uno incorporó un pedacito de cada canción de Sandro para mandarlo en su propia cadena de correo electrónico; cada uno entretejió con esas canciones lo real de esa muerte. Nunca se mandaron tantos mensajes de texto como ese día.

Novedosas maneras de hacer duelo, novedosas maneras de transitar por esa operación en la cual los deudos sufren la pérdida traumática de un ser querido, se enfrentan a la inconsistencia del Otro, y quedan por esto mismo muy vulnerables. Es muy útil para la cínica desentrañar los modos de subjetivizar el dolor hoy, y procurar descubrir los nuevos rostros de la muerte y del duelo.

El sujeto puede recibir también, en estos tiempos, el inestimable acompañamiento del psicoanálisis que no se cansa de bregar por el mantenimiento de la subjetividad.

Por otra parte, si el mandato de la vida contemporánea, entendiendo por tal la globalización y mundialización de la cultura norteamericana, parece ser ese, en los pueblos de fuertes raíces originarias persisten cultos que remiten a creencias anteriores al cristianismo. El día de muertos es, en muchos pueblos de nuestra América, destinado a recordar y honrar a los difuntos. Se comparte con ellos comida y bebida, se los visita llevándoles obsequios, se los recuerda.

El muerto de las poblaciones originarias reclama como Elpénor a Ulises en el canto XI de la Odisea:

> No te vayas dejando mi cuerpo sin llorarle ni enterrarle, a fin de que no excite contra ti la cólera de los dioses; ¡por el contrario! Quema mi cadáver con las armas de que me servía y erígeme un túmulo en la ribera del espumoso mar, para que de este hombre desgraciado tengan noticia los venideros (835).

Llanto y recuerdo; ninguna cultura ha omitido este tributo a los difuntos, ninguna ha dejado de amenazar con la cólera de los dioses a quienes infringen esos deberes, ninguna queda indemne a lo que la muerte produce en su trama social y en la subjetividad de sus miembros.

CAPÍTULO IX

El duelo en Hamlet

¡Economía! La carne guisada para el funeral se sirvió de fiambres para las bodas.

Shakespeare, 36.

9.1.— Advertencia: El camino de Freud

Que Freud escribió sobre Hamlet es una verdad de Perogrullo. Pero decir que solamente se refirió a la obra de Shakespeare comparándola con Edipo es un acto de injusticia. Es cierto —y Lacan lo toma en su teorización sobre el duelo (*Seminario 6, El deseo y su Interpretación*)— que relaciona el *no saber* de Edipo, que hace posible el acto parricida sobre la base del desconocimiento, con el *exceso de saber* de Hamlet, cosa que impide el acto de venganza. No es poca cosa, porque primero Freud, y luego Lacan, fundan en la experiencia del *no saber* el deseo inconsciente. Sin embargo, en un continuo "dédalo de amores", Hamlet navega por toda la obra de Freud. Ya en su correspondencia con Fliess (Carta 71, del 25 de octubre de 1897), cita a Hamlet: "Así es como la conciencia {moral} hace de todos nosotros unos cobardes", le escribe, e intersecta la estructura edípica con la conciencia moral en Hamlet. En este caso se refiere a culpa y cobardía en el príncipe; en *La interpretación de los sueños* (1900), relaciona a Hamlet con Edipo, y remarca en Hamlet inhibición, culpa, autorreproche, escrúpulos de conciencia. En "Sobre psicoterapia" (1904—05), ya se refiere a la singularidad del saber inconsciente, a la verdad que se juega en él y, sin mencionarlas, a la dignidad y también a la responsabilidad de cada sujeto por su inconsciente.

Escribe:

Aludo al príncipe Hamlet, de Dinamarca. El rey envía a dos cortesanos, Rosenkrantz y Guildenstern, para que lo espíen, le arranquen el secreto de su desazón. Él se defiende; aparecen unas flautas en el escenario. Hamlet toma una y pide a uno de sus martirizadores que toque en ella; es, dice, tan fácil como mentir. El cortesano se rehúsa, pues no sabe tocar nada; y como no puede moverlo a que haga el intento, Hamlet le espeta al fin: "¡Pues ved ahora qué indigna criatura hacéis de mí! Querrías tañerme; pretendéis arrancarme hasta el corazón de mi secreto, extraer desde la nota más grave hasta la más aguda de mi diapasón; y habiendo tanta música y tanta excelente voz en este pequeño instrumento, no logréis hacerle hablar. ¡Mil diablos! ¿Pensáis que soy más fácil de pulsar que una flauta? ¡Tomadme por el instrumento que os plazca, y por más que me sacudáis no sacaréis de mí sonido alguno!" —Acto III, escena 2— (1904, 25).

¡Bellísimo fragmento de Hamlet rescata Freud! Pero mejor ese plus que logra arrancar de la boca misma de Hamlet. No es posible manipular la dignidad misma del saber íntimo del inconsciente, ya que por él sólo cada uno puede, a veces, responder.

En *El chiste y su relación con el inconsciente* (1905), afirma que en su lucha subjetiva Hamlet se debate entre el amor y el deber, y toma un texto fundamental para la clínica actual. En él Hamlet logra, "por así decir, ponerle el espejo a la naturaleza; mostrar a la virtud sus propios rasgos; a la infamia, su imagen, y a la edad y al cuerpo del tiempo, su forma y estampa" (Shakespeare, 33), es decir, el drama de Hamlet es un espejo donde cada uno se ve reflejado. Toma también Freud, por supuesto, la ironía hamletiana: "¡Economía! Las comidas horneadas para el funeral se sirvieron, frías, en las bodas" (1905, 43), reclama el príncipe en alusión al casamiento demasiado precoz de su madre con el hermano de su padre. A través del sarcasmo acusa a

Gertrudis y a Claudio, pero la culpa y los reproches están dirigidos hacia su madre.

El maestro transita también los textos de Hamlet y de Macbeth en "El delirio y los sueños de la Gradiva de W. Jensen" (1907), y en "Las cinco conferencias sobre Psicoanálisis" (1910). En "Moisés de Miguel Ángel" (1914) escribe: "adhiero a la opinión de que solo el psicoanálisis, reconduciendo su asunto al tema de Edipo, ha resuelto el enigma del efecto que esta tragedia nos produce" (218). En "Duelo y Melancolía" aborda el difícil duelo de Hamlet, su cobardía, sus autorreproches, sus autodenigraciones, como acusaciones a otros, vueltas sobre sí mismo. En 1916, en la "21ª conferencia", vuelve a compararlo con Edipo, y en "Lo Ominoso" (1917—19), insiste. Esta vez el hilo conduce hacia el *Ghost* y lo demoníaco. Sigue en su "Autobiografía" (1925), en ¿Pueden los legos ejercer el psicoanálisis? (1925—26), y en "Dostoievski y el parricidio" (1927—28), por supuesto.

Freud, lector de Shakespeare, navegó en sus aguas y fue extrayendo de cada una de sus obras ejemplos con los que abonó su teoría y su clínica. Difícil decir que solo comparó Hamlet con Edipo. En todo caso, esa relación permitió pensar el duelo anudado a la culpa simbólica como camino a la responsabilidad y a la restitución subjetiva; en la relación duelo—culpa imaginaria de los autorreproches (mientras se reprocha tanto, sigue sosteniendo la sumisión a Claudio); y en la suspensión del duelo y de la neurosis, cuando la culpa en lo real (muda) empuja hacia la autopunición y muchas veces al más cruel sacrificio en el pasaje al acto: por ejemplo, cuando mata a Polonio.

Lacan, lector de Freud, no desaprovechó la partida; por el contrario, redobló la apuesta. Y aunque no haya escrito su propio "Duelo ymelancolía", propuso una teorización sobre el duelo. Tanto en el *Seminario 6*, *El deseo y su interpretación*, donde sigue paso a paso la obra de Shakespeare (Hamlet), como en el *10*, *La angustia*, donde avanza a partir del concepto de objeto *a* y su articulación en el fantasma, y en la clase única del Seminario "Los nombres del Padre", del 20 de noviembre de 1963, Lacan introduce el tema del sacrificio. ¡Imposible no relacionarlo con el duelo!

9.2.— Lo que Lacan nos enseña sobre el duelo en Hamlet

En *El deseo y su interpretación* la teoría ronda en torno de la operación de la privación y del falo simbólico Φ, sobre los que va delineando la idea del inconsciente como resultado del inconsciente del Otro. Y en *La angustia*, lo trabajado anteriormente (privación, falo e inconsciente) se despliega sobre las reflexiones acerca del fantasma y del objeto *a*; aquí la novedad es la inclusión del objeto *a* como resto de la división del Otro y del sujeto. No hay división sin resto, por lo que el postulado sobre el deseo como deseo del Otro incluye aquí el objeto *a* como resto traumático y como causa. El duelo va a centrarse en esa articulación.

En el *Seminario 6* postula la no complementariedad entre el sujeto y el objeto. Se refiere al sujeto y a su relación con cualquier objeto: de conocimiento, si nos referimos a la ciencia o a la filosofía; amoroso, si se trata de la relación entre sexos; al vínculo emisor— receptor en la comunicación —plantea que por esto la (buena) comunicación no existe— y así en todas las posibles variedades de lazo. Propone la no complementariedad entre el sujeto y su objeto justamente porque entre uno y otro está el falo. De allí las complejidades de los lazos y las laberínticas dificultades cuando esos lazos se rompen y confrontan al sujeto con el duelo; en el *Seminario 10* el obstáculo (pero también lo que permite algún lazo, si está en falta) es el objeto *a*, que es de la estofa de lo real. En este capítulo se trabajará el personaje de Hamlet tejiendo los conceptos que propone en ambos Seminarios.

En los capítulos del *Seminario 6, El deseo y su interpretación*, que le dedica, Lacan toma la relación que Freud establece entre Edipo y el príncipe de Dinamarca a partir del sueño de muerte de las personas queridas, para situar el sujeto del inconsciente. Freud relaciona el sueño del hijo (que sueña con su padre muerto, quien –en el sueño– no sabía que estaba muerto) con el no saber (es decir, con el inconsciente) del padre y el no saber del hijo (es decir, el inconsciente del hijo). Dice Freud que es preciso que un padre desconozca (o reprima) los anhelos parricidas del hijo para que el hijo desconozca (o reprima) sus anhelos parricidas, y así ponga en funcionamiento su inconsciente ¿No es esto decir que al inconsciente de uno responde el inconsciente del otro? ¿O, lo que es lo mismo, que a la falta de uno (al no saber) responde la falta del otro?

Tanto Freud como Lacan plantean que no todo sabe/puede el padre (algo está perdido en él para siempre), lo que hace de él un deseante. Esto posibilita el don del deseo al hijo: no todo sabe/puede el hijo (¡por suerte!), lo que le permite el surgimiento del deseo. Lacan sostiene que la falta del padre es lo que le posibilita tener el falo y esto es condición para que se inscriba la falta en el hijo, vía la castración: ella lo introduce en la lógica de tener el falo y le permite abandonar la posición de serlo.

Conceptualiza además el deseo como deseo del Otro con el Grafo del Deseo (*Seminarios 4 al 6*) y continúa con la idea, ya más depurada, en el *Seminario 10*. Así, es posible plantear, desde Lacan, que también el duelo (en tanto función subjetivante) es el duelo del Otro, razón, seguramente, de la locura de Hamlet. Como se sabe, Gertrudis, su madre, no conoce el duelo; el padre de Hamlet fue asesinado –cosa que todos conocen y nadie sanciona– y el homicida fue su hermano Claudio. ¿Cómo subjetivizar esa pérdida, cómo representarla, cómo darle contabilización fálica? El horror deja a Hamlet sin recursos simbólico—imaginarios para representar esa muerte, contabilizarla, meterla en una serie de significaciones posibles, y para actuar en consecuencia.

9.3.— Trauma. Privación. Comienzo de la obra

Como se dijo, en el *Seminario 6* Lacan sigue un método: comparar Hamlet con Edipo. En Edipo el sujeto y el Otro están atravesados por una falta, por un no saber. Edipo se enfrenta a su padre ignorando ambos el lazo filiatorio que los une. Por el contrario, en Hamlet tanto el Otro como el sujeto saben demasiado. "Primera hebra. Acá el padre sabe muy bien que está muerto, muerto según el anhelo de aquel que quería tomar su lugar, a saber, su hermano" (Clase 04/03/59).

Lacan está desplegando Hamlet en su grafo del deseo:

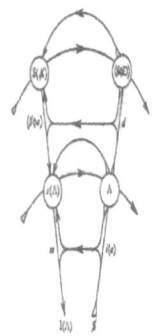

Ante la pregunta del sujeto al S(A barrado), a la estructura – siempre en falta— : ¿Qué me quieres? ¿Qué lugar tienes para mí? ¿Cómo quieres que me (in) vista, me disfrace con — φ para causar tu deseo? El $ encuentra respuestas – en el $◊a, en el s(A), en el i(a) y en I(A)— No en S(A barrado) pues la barra en A da cuenta de su falta, del no saber que lo habita. Las respuestas que la neurosis inventa se fundan en ese no saber estructural. El Otro es siempre enigmático y opaco. No da garantías. La neurosis es justamente, la posibilidad de inventar respuestas a ese vacío. Éstas serán simbólicas e imaginarias. Las primeras, enmarcadas en el fantasma fundamental $◊a. Desde allí el sujeto produce ficciones llamadas por Lacan formaciones del inconsciente: s(A). Éstas se anudan a lo imaginario, en m— i(a)— y el Ideal –I(A)

S(A barrado): Falta del Otro

$◊a: Fantasma

s(A): Significado del Otro.

(Formaciones del inconsciente)

m — i(*a*): Yo. Imagen especular

I(A): Ideal

Pero, ¿con qué se encuentra Hamlet en el lugar de la falta del Otro, es decir, de S(A barrado)? Con un padre que sabe que fue asesinado. Sabe sin ambigüedades, sin dudas ni opacidades que fue traicionado por su hermano, el asesino, y traicionado por su esposa, cuando menos por su ausencia de duelo (¡Cómo no sospechar la complicidad de Gertrudis!).

"Cualquier afirmación de buena fe, fidelidad o voto es planteada para Hamlet desde el comienzo como revocable o más bien como necesariamente revocada. Es un mensaje diferente al del encuentro con la falta de garantías acerca de la verdad, pues, a la inversa, queda garantizada la falta absoluta de verdad" (Glasman, 1998, 18). ¿Cómo subjetivizar la muerte, cómo significarla, si, justamente para eso, es preciso pasarla por el tamiz discursivo, mortificarla, pasar la verdad a la estructura de ficción (darle valor de – φ) a la verdad del inconsciente, que es una verdad sin garantías absolutas? Si queremos ubicar la respuesta en el grafo del deseo, no la encontraremos del lado del mensaje, siempre disfrazado [$◊a— s(A barrado)— m— I(A)], sino del lado de la pulsión [$◊D], pues el velo fálico fracasa porque el marco del fantasma no sostiene las enigmáticas pinceladas de la realidad psíquica:

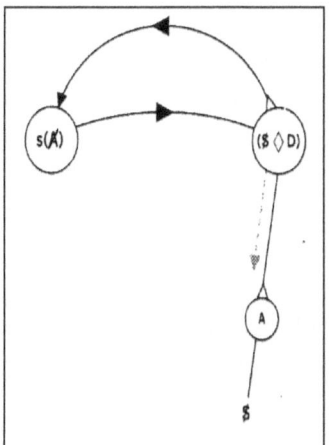

La pregunta no encuentra respuestas en el fantasma. Este ha perdido su marco y su amarre en el Otro. La respuesta viene de la pulsión, $◊D, con algún disfraz imaginario. La angustia empuja a ese lugar

No se le escapa a Lacan el comienzo magistral de la obra: es medianoche, se está realizando el relevo de guardia y quienes preguntan *¿Quién está ahí?* son los que llegan, cuando el interrogante debiera ser de los que esperan ser relevados. Desde el inicio del drama ronda lo extraño, lo ominoso. Lo que era *heim*, conocido, habitual, se tornó *unheimlich*, inquietante. Se ha visto una extraña sombra deambular en la explanada del palacio de Elsinor. Su figura parece la del rey Hamlet, muerto poco tiempo antes. Dirá Glasman: "este acto inicial es esencialmente traumático" (18).

Lacan no duda en nombrar la sombra como una alucinación, efecto del trauma, del agujero de la privación y del desgarro de la trama fantasmática que produjeron la muerte del padre y el precoz casamiento de su madre.

El *ghost* revela a Hamlet que fue asesinado, envenenado por el oído con *hebona*, por su hermano Claudio, poco tiempo después esposo de Gertrudis, madre del príncipe. "Hamlet es puro estupor, no puede ni contar lo que ha escuchado, está condenado a que cualquier media verdad se le sustraiga, encerrado en la afirmación del padre, envenenado por sus palabras igual que él lo ha sido en sus oídos"(18).

La de Hamlet parecía hasta entonces una vida sin grandes sobresaltos. Estudiaba en la universidad de Wittemberg cuando es llamado por el fallecimiento sorpresivo de su padre (quien había sido encontrado muerto en el jardín, supuestamente mordido por una serpiente) y el precoz matrimonio de su madre. La escena del mundo, de *su* mundo, *su lugar en el mundo*, las ficciones de su mundo cotidiano en las que creía, con sus proyectos, ambiciones y esperanzas, deja de tener un libreto creíble. Todo lo que Freud llama lo *heimlich*, lo familiar, su puesta en escena (simbólica—imaginaria, que disfraza con más o menos eficacia lo real, todo ello con valor fálico) pierde la dimensión de escena, de "como sí", de engaño, de verdad semi—dicha: *pierde la dimensión significante que el rodeo de la metáfora protege* (Rabinovich, 1993, 94). Y allí emerge lo *unheimlich*: lo ominoso, lo siniestro, lo inquietante. El golpe de angustia, efecto del agujero en lo real, da una feroz estocada al fantasma como trama donde entretejer una escena subjetiva que, como se vio, es necesariamente ficcional para que funcione la neurosis. Borra, para decirlo de otra manera, la falta simbólica e imaginaria en Hamlet. El escenario se disuelve, se desdibuja y muestra brutalmente su inexistencia.

Es importante acotar que la obra hace suponer el amor correspondido de Hamlet por Ofelia antes de la muerte del rey. Ofelia no es princesa —como se esperaría para un futuro rey— ni rica. Es solo la hija de un cortesano, de un empleado del rey. Y si amar es para Lacan dar lo que no se tiene a alguien que no lo es, Ofelia encaja muy bien en esa fórmula.

Todo lo que hace el príncipe a partir de su regreso a casa muestra el desgarro que sufre el montaje de su fantasma.

El duelo, como se dijo, remite al agujero en lo real. Este agujero puede anudarse al significante y designar que algo allí falta, reconociendo que "ese" hueco está vacío: "si un objeto falta en su lugar, es porque mediante una ley definimos que debería estar ahí" (Lacan, 1956, 40). Pero puede también estar ligado al padre terrible y solo se esperan desde allí la amenaza y la angustia. Es el caso de Hamlet. En el primer caso, la privación, agujero en lo real, demarca el trauma porque la medida simbólica Φ, como razón armónica, permite un cierto orden: se puede, por ejemplo, hablar de un antes y un después de la caída de las torres gemelas, o de un antes y un después de la muerte de alguien. Dicho significante permite la significación fálica $-\varphi$, en tanto abre las puertas a posibles respuestas que pincelan lo real permitiendo imaginarizar la falta del Otro o, lo que es lo mismo, darle un rostro posible a la opacidad del deseo del Otro. Así es factible "apelar al colchón protector de las palabras" (2001, 4), parafraseando a Néstor Braunstein.

Ejemplos de la clínica muestran el funcionamiento del falo simbólico como significante operador referencial Φ. Una paciente, que en su análisis habla –como todo analizante— de su duelo, dice:

"fui al cumpleaños de Carlita. Estaba todo muy bien, cuando me asaltó la tristeza. De pronto me di cuenta de que Julieta nunca iba a cumplir cuatro años (Julieta había muerto siendo muy pequeña) ¡El cumpleaños de una, la alegría por ese festejo, me trajo, paradójicamente, la tristeza por la ausencia de cumpleaños de la otra!".

Como se dijo en otros capítulos es muy común "ver" al muerto. Esto, se sabe, es parte del duelo y hasta se lo incluye en las mitologías familiares. Pero muchas veces la cobertura no alcanza y la angustia asalta. Ya no es la visita del alma que va despidiéndose, sino el espectro (en alucinaciones o pesadillas) que embiste en un golpe de angustia como única cobertura a la pulsión. Es el caso de la aparición del *ghost* en Hamlet. El muerto se tornó terrible por el odio y por las acusaciones vueltas sobre sí (superyó). La alucinación no encubre el horror: lo hace presente con su rostro espectral.

En el *Seminario 10* Lacan conceptualiza el objeto *a* como resto del lazo entre el sujeto y el Otro, tanto en la versión del fantasma $\$\lozenge a$, en el que se detiene el deseo inconsciente, como en la de la demanda, relacionada con el Ideal y con el amor I(A) — i(*a*)— i(*a*)'— $\$$. Según Lacan, hay una homología en el lugar que ocupan como respuesta en el Grafo del Deseo el fantasma $\$\lozenge a$, sostén del deseo, y i(*a*) y $-\varphi$, como respuestas posibles en la neurosis en funcionamiento; esto es, cuando el sujeto, amarrado al Otro, dándole crédito al Otro, responde desde las investiduras que puede asumir $-\varphi$, ubicando el objeto *a* en falta. Lacan está avanzando sobre lo propuesto en el *Seminario 6*:

$$A \blacktriangleright \$\lozenge a \text{ ó } A \blacktriangleright \frac{-\varphi}{a}$$

Es así que en la angustia falta la falta simbólica, falta la posibilidad de significar el horror de la falta del Otro. En la angustia fracasa todo disfraz que permita simbolizar, dar un rostro —amable o cruel— al objeto *a*, pues este, desarticulado de $\$\lozenge a$, de $-\varphi$ y de i(*a*), carece, justamente, de semblante. Es allí que Lacan ubica, en el

Seminario 10, lo *unheimlich,* lo que resta del fantasma: *a*, y lo que resta de $-\varphi$ que Lacan llama *a*, reserva libidinal. Es una presencia sin representación imaginaria; una presencia del objeto mirada fuera de la armadura del escenario fantasmático. Esa reserva libidinal, algo de la mirada fuera de la visión, aparece de pronto como algo extraño, terrorífico. Cuando se desprende del texto que las fantasías o el sueño pueden darle articulados al Otro, la alucinación en la neurosis se monta en el objeto *a* empujada por la angustia, por la *falta de la falta* simbólica que permitiría el fantaseo, o las imágenes del sueño, o las alucinaciones sostenidas desde mitos, también montadas en el escenario fantasmático y sobre el texto del inconsciente.

Es decir, Hamlet cae casi sin redes (o con redes semidesechas) del montaje del fantasma. Al borde de la desubjetivación, los pobres recursos con los que cuenta son la alucinación y un trazo paranoico que —se verá— le salva la vida cuando el rey lo envía a Inglaterra para ser ejecutado. Pero volvamos a nuestro Hamlet "traumado" por el asesinato de su padre y por la sospecha de la complicidad de Gertrudis en este crimen:

¿Cómo seguir sosteniendo su amor por Ofelia, al borde del colapso subjetivo? Se puede dar lo que no se tiene —la falta— a alguien que no lo es solo con el marco del fantasma sostenido desde el Otro. Allí pueden pintarse el amor, los sueños, las fantasías, los síntomas, la otra escena freudiana, en fin, las formaciones del inconsciente que el sujeto puede escuchar como mensaje que el Otro puntúa. Por eso Lacan ubica s(A) —el mensaje que viene del Otro— debajo de la línea de $\$ \lozenge a$ en la lógica del Grafo del Deseo. El rechazo a Ofelia no puede puntuarse en el Grafo del Deseo del *Seminario 6, El deseo y su interpretación,* sino en el de *La angustia,* del *Seminario 10,* en tanto no es un síntoma sino un *acting - out,* que Lacan menciona como acto perverso en el *Seminario 6.*

En estupor, a Hamlet se le revela una terrible verdad: su madre se ha casado, demasiado prontamente, con el asesino de su padre (acontecimiento bastante frecuente en la clínica y en la vida cotidiana este lazo entre víctimas y victimarios) Y Polonio, ese buen agente de inteligencia (podría ser de la CIA, de la KGB o del Mossad, o simplemente un complaciente chismoso, soplón del rey), que no duda en ofrecer su hija de carnada para "enganchar" la locura de Hamlet e investigar los motivos de tal locura (que, por otro lado, él conocía muy bien), había aconsejado a Ofelia, junto con Laertes, que abandonara a Hamlet. Esto tiene importancia clínica, porque a Hamlet no solo lo asalta la certidumbre de la muerte de su padre, sino que la descomposición del Otro como Otro Social o Político es también mortífera. Sumado a esto, su pequeño amarre a la vida, Ofelia, obedece los consejos de su padre y de su hermano, y se distancia de él. Doble caída: desubjetivizado, es casi abandonado por Ofelia.

¿Cuántas veces en la clínica se escucha esta falta de cuidado en la conducción de la cura? Supuestos analistas que confunden deseo con quejas y abonan un *acting—out* sin prever las posibles consecuencias. Viajes apresurados, abandonos de parejas o de trabajos en momentos de fragilidad –si no tienen la dimensión de acto— traen como consecuencia desamarres subjetivos muchas veces fatales, como en la vida de los personajes de la obra (¿no resulta tentador llamarlo del "caso"?) Hamlet.

9.4.— *Esa "pobre" Ofelia rechazada*

"I did you love once". Te he amado antes, dice Hamlet. (Lacan, *Seminario 6*, 15/04/59)

Lacan remarca el estilo sarcástico y de cruel agresión que hace de estas escenas las más extrañas de la literatura clásica; pero antes, muestra a Hamlet en estado de desubjetivación, de extrañamiento. Shakespeare describe un Hamlet extraviado, abatido. Luego del encuentro con el *ghost* es incapaz de sostener la dimensión de su deseo en este encuentro con Ofelia:

Él me toma por la muñeca y la aprieta fuerte, él se aparta todo el largo de su brazo, con su otra mano sobre las cejas, cae en tal examen de mi figura, como si quisiera dibujarla. Se queda así largamente y, al fin, sacudiéndome ligeramente el brazo, y meneando tres veces la cabeza de arriba abajo, exhala un suspiro tan triste y profundo, que ese suspiro parece conmover todo su ser y terminar su vida. Después de que él me deja, y siempre mirando detrás de su espalda, parece encontrar su camino sin la ayuda de sus ojos fuera de la puerta, y hasta el fin los tiene fijados sobre mí (15/04/59).

Exhala un suspiro tan triste y profundo, que ese suspiro parece conmover todo su ser y terminar su vida. Hamlet, ofrecido en sacrificio al *ghost*, abandona a Ofelia y se entrega a los juegos de muerte y venganza de éste, Gertrudis y Claudio.

Tomado por la culpa y los autorreproches, no soporta el desarraigo que implicaría mirar los pecados de los padres. Es más fácil cargar las culpas y los reproches cobardemente sobre sí que soportar el horror de mirar esos crímenes. La culpa da consistencia a la brutal inconsistencia del Otro y pincela con algún color el agujero, el vacío de lo real que, finalmente, es lo único que *(ex)siste*.

Vamos a servirnos del planteo que hace Gerez—Ambertín (2007), respecto de los rostros de la culpa: cuando falta la falta simbólica (culpa en su dimensión significante con la que los parlantes seres intentamos enlazarnos), el acento recae en la culpa con primacía imaginaria: autorreproches, autopunición, ostentación de quejas o querellas sea contra uno mismo o contra otro. Pero también, en su dimensión real, enfermedades, caídas melancolizantes, y hasta la muerte misma son el pago sufriente de la subjetividad como culpa en lo real.

La culpa vuelve sobre el sujeto en el duelo. A veces lo hace sostenida desde lo real del padre (superyó), a quien el sujeto prefiere ofrecerse antes de soportar el desamparo por la absoluta vacuidad del Otro. Otras, tiene el rostro del sentimiento de culpa (culpa imaginaria), y el sujeto en duelo se reprocha y reprocha a un semejante una y otra vez. Pero también es posible que se sostenga en la falta simbólica; y entonces el sujeto está en duelo, sí, pero más amarrado a los significantes y puede continuar su lazo con el muerto de un modo distinto: no se ofrece a sí mismo, sino que logra brindar algo con medida fálica: síntomas, identificaciones —al rasgo o a la falta del Otro—, rituales o pequeñas ofrendas tienen estatuto de don y ahorro sacrificial, como plantea Gerez - Ambertín en *Entre deudas y culpas, sacrificios* (2008).

Regresemos a nuestro análisis de Hamlet, ese inocente atormentado por las culpas de los padres. Desde el comienzo de la obra se habla del abatimiento de Hamlet. Cuando Gertrudis dice: "No busques en el polvo a tu generoso padre, Tú lo sabes, común es a todos, el que vive debe morir. ¿Por qué aparentas tan particular sentimiento?" (Shakespeare, 33), Hamlet contesta:

> ¿Aparentar? No señora, yo no sé aparentar. Ni el color negro de este manto, ni el traje acostumbrado en solemnes lutos, ni los interrumpidos sollozos, ni en los ojos un abundante río, ni la dolorida expresión del semblante, junto con las fórmulas, los ademanes, las exterioridades de sentimiento bastarán por sí solos, mi querida madre, a manifestar el verdadero afecto que me ocupa el ánimo. Estos signos aparentan, es verdad; pero son acciones que un hombre puede fingir. Aquí, aquí dentro tengo lo que es más que apariencia, lo restante no es otra cosa que atavíos y adornos del dolor (33).

Gertrudis y Claudio están preocupados porque Hamlet manifiesta su duelo y ya han pasado… ¡dos meses desde la muerte del padre y uno del casamiento de su madre con el tío! Ambos llaman "interminable desconsuelo" al dolor de Hamlet. ¿Quién acompaña al joven en su duelo? ¿Qué Otro Social se constituye para escuchar sus quejas, su fragilidad? ¿Dónde hay alguien que en público o privadamente reconozca su dolor? ¿Cómo no enloquecer, si a nadie más que a él parece importarle esa muerte? ¿Cómo no llamar desesperadamente al Otro —en el *acting - out*— si no hay Otro que se constituya en este duelo? ¿Cómo no alucinar, convocar a lo real del Padre? La alucinación es el rostro que Hamlet encuentra para significar la angustia: rostro cruel del padre, culpa en su dimensión real con tenue cobertura imaginaria que da su consigna. Y Hamlet padece, soporta pasivizado la voz que ordena: *véngame y cuida a tu madre*. ¿Dónde escuchar mejor al superyó como mandato insensato, como lo que da cuenta de la división del sujeto contra sí mismo? Sometido, ofrecido a esa voz, le es imposible sostener el camino que la brújula de su deseo indica: abandona a Ofelia en un claro acto sacrificial.

Y Ofelia misma, otrora enamorada de Hamlet, primero se ofrece a Polonio abandonando a Hamlet, como se lo han indicado Laertes y su padre. Luego se ofrece también como celada para arrancar el secreto de Hamlet. Y este llama burlonamente a Polonio "Jefté, juez de Israel" (78), pues sacrifica a su hija como lo había hecho el israelita (ofrece en holocausto a su hija como respuesta a Yahvé, que pide venganza contra los amonitas).

De allí en más, los dados están echados.

9.5.— *Procrastinación y escena sobre la escena*

Hamlet no sabe lo que quiere. Efectivamente, *debe* matar a Claudio. Pero... ¿qué *desea*? La inhibición, la duda, la procrastinación, más bien parecen defensas contra el obsceno mandato superyoico. Atrapado entre el *ghost* y el goce materno, la inhibición hace un tenue borde a la angustia. La culpa, la duda y la demora en el acto son los signos de quien ha perdido el rumbo de su deseo, pero también son los signos de alguien aún anudado a su neurosis, a las leyes del inconsciente. Hamlet deambula por los bordes del esquema de la Angustia que Lacan dibuja en el *Seminario 10*.

Rechaza su síntoma (Ofelia), aunque la obra hace siempre suponer su amor hacia ella; en ese esquema podríamos encontrarlo en la inhibición, en el impedimento, en el embarazo, en la turbación, en la emoción y en el *acting - out*.

CUADRO DE LA ANGUSTIA (*Seminario 10*)

Inhibición	Impedimento	Embarazo
Emoción	*Síntoma*	Pasaje al acto
Turbación	Acting out	*Angustia*

Hamlet duda, por suerte. Si la referencia es la obra, su duda son las cuentas por las que se computa, enumera, relata, transita el drama. Si la referencia es "el caso" que cada uno encuentra en la obra, la duda sostiene el enigma en Hamlet. A pesar de lo revelado por el *ghost*, a pesar del mandato superyoico, la consigna no logra un efecto de certeza, es decir, la alucinación no es psicótica, ni el mandato, un delirio paranoico. La duda atraviesa la vida del muchacho: ¿es el fantasma de mi padre o es la imaginación afiebrada por el duelo? ¿Es un fantasma o un demonio? ¿Claudio mató a mi padre? (Recordar que la *play scene* es armada para corroborar la culpa de Claudio). *Yo te amaba...* le dice a Ofelia en el rechazo. Más tarde (recordemos que Hamlet ya le había dicho a su ex amada "¡vete a un convento!" (95) — para que no fuera madre de pecadores— durante la representación de los comediantes, le dice a Gertrudis, que acaba de invitarlo a sentarse a su lado: "No, señora, aquí hay un imán de más atracción para mí" (103). Y se sienta con Ofelia, como si antes no la hubiera rechazado.

En fin, Hamlet transita por la duda, la procrastinación, la culpa y los autorreproches. Pero si algo NO HACE es matar a Claudio, justamente porque –a pesar de la estocada que ha recibido su fantasma, de la revelación y del mandato feroz del superyó— está aún amarrado a alguna ficción que supone el inconsciente. Y allí se debate.

Hamlet está dividido. Como el vizconde demediado de Ítalo Calvino, dividido en dos, una mitad es maléfica, la otra bondadosa. Por un lado quiere matar a Claudio (ese asesino cobarde e incestuoso) y por otro quisiera que no fuera su tío el asesino. Por un lado le horroriza, le da asco Gertrudis; por otro, quisiera mostrarle que debe ser como Écuba, la esposa de Príamo, quien llora desconsolada la muerte de su marido.

Se dice a sí mismo: "¡Qué abatido! ¡Qué insensible soy!" (86). Pero él no es, justamente, insensible; está de duelo, desde el principio al fin. Lo que no encuentra es quién le reconozca su duelo y prefiere cargar las culpas de la insensibilidad de Claudio (que por otro lado es el asesino, ¿por qué le importaría la muerte que produjo?) y de Gertrudis (a quien lo único que le importa es la comodidad de seguir siendo la reina consorte).

"Pero yo, miserable, sin vigor y estúpido: sueño adormecido, permanezco mudo, ¡y miro con tal indiferencia mis agravios!" (86). Autoacusaciones e hiperculpabilidad dan cuenta de un Hamlet padeciendo el duelo. La culpa, en su versión imaginaria con la modalidad de quejas y autorreproches, forma hilachas por las que la subjetividad del muchacho se sostiene y que, por un lado, remuerden la conciencia por la complicidad en el goce parricida, pero por otro, hablan de la tentación a quedar ahí.

En el *Seminario 10* Lacan retoma la partida del duelo en Hamlet. Está trabajando allí la cuestión del fantasma como construcción singular de cada sujeto y describe el tema del mundo como un trenzado simbólico, imaginario y real para el sujeto hablante, mundo que solo existe para la subjetividad humana cuando ha sido montado en la estructura del fantasma de cada quien y del que siempre participa el objeto *a*, velado, si está en relación de alienación y separación con el sujeto, o sin velos, si la separación fracasa y el marco del fantasma se diluye.

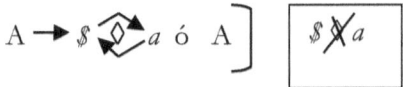

El único modo de acceder al Otro es por ese objeto: ya sea que falta —y el sujeto construye así su ficción de lazo con el Otro, como objeto causa del deseo— ya como exceso, y en ese caso el sujeto se ofrece –vía la culpa muda, es decir, el padecimiento sacrificial— para redoblar su creencia en el Otro. Hamlet parece ya saber que Claudio mató al rey. Esa alucinación con el rostro de su padre se lo ha revelado. ¡Cómo no sospechar! Tantos datos lo revelan. Pero, se sabe, Hamlet sigue abriendo un ojo y cerrando el otro, y, paradójicamente, cada vez necesita más pruebas sobre ese homicidio. Pensando como analistas se dirá que es muy difícil para él dar crédito a lo que uno de sus ojos ve, porque eso significa confrontar el horror del homicidio y del incesto. ¿No se dijo ya que es más fácil cargar las culpas sobre sí? Hamlet hasta acá está "A la hora del Otro", dirá Lacan. Su debate subjetivo aún persigue animarse a realizar la voluntad del *ghost*, no busca realizar su deseo. La escena sobre la escena es un *acting out* dirigido en parte a su madre, horrorizado como está por su falta de duelo, pero sobre todo a Claudio, pues no termina de creer que este sea el asesino, y sólo lo lleva a actuar más. Así, se entiende por qué no mata a Claudio después de la famosa "ratonera": él dice que va a esperar a sorprenderlo en pecado, pero no es por eso. No es porque el tío esté orando, ni sólo por cobarde; no lo mata, simplemente, porque Claudio aún es su Otro y el *acting - out* todavía está dirigido a él. Hamlet parece uno de esos hijos que dejan la droga a la mirada del padre esperando la sanción, pero el padre, a su vez, está ocupado con su propia droga (o en su propio goce). Se puede hablar de hijos y padres, pero también de pacientes y analistas.

Hamlet hace representar el crimen del que no puede hablar, y no le pasa inadvertida a Lacan la crisis de excitación maníaca que le sobreviene: sobreactúa, habla, explica, llama desesperadamente al

Otro. Su mirada (y la de Horacio) están puestas en Claudio. ¿Espera de este una confirmación de inocencia? Por eso Lacan dice, en el *Seminario 10*, que él arma la escena de los comediantes como ratonera para su tío, pero en verdad la arma para él: para ponerse entre la espada y la pared.

9.6.— La muerte de Polonio y el trazo fecundo del duelo

La muerte de Polonio, el espía, el soplón (no es más que un burócrata arribista) es una muerte absurda, fruto de la locura de Hamlet y del servilismo de Polonio. Preocupado como está por complacer al rey, se esconde a escuchar lo que Hamlet habla con Gertrudis, ya que cree ser el dueño del libreto de esa conversación. Pero en los bordes de la angustia casi no hay sujeto que hable o que escuche. Hamlet intenta convencer a Gertrudis de que abandone al rey y alucina. No puede sostener su discurso. El sujeto cae. Asesta una puñalada a lo que se mueve atrás de la cortina (¿un ratón? ¡Polonio!). Dice: "En cuanto a este, me arrepiento, pero así lo quiso Dios: castigarme con él y a él conmigo; que fuera yo su azote y su verdugo (…) a veces ser bueno supone ser cruel, así comienza lo malo"(127). Luego de este pasaje al acto, Hamlet —desubjetivado, en posición de objeto— vomita palabra y cadáver en la misma acción. Y, por supuesto, embarca rumbo a una muerte segura. Hipnotizado, obedece al rey aun en un mar de sospechas. ¿Qué hacer, si no, con la culpa?

Rumbo a Inglaterra, la desconfianza obra a su favor. Lee la carta real sellada y comprueba ¡ahora sí, de puño y letra del rey! su sentencia de muerte. Hay un antes y un después de la lectura de esta carta. Hábilmente cambia el texto de la misiva y —gracias al azar— escapa. Cuesta reconocer a Hamlet, el inhibido, el obediente, el piadoso, el loco, el dividido, en este, en el cual "cada uno de sus movimientos es un acto" (Gerez - Ambertín, 2008, 117): lee, actúa, escribe, cambia el sello, escapa, "resuelve lo que nunca antes había podido (...) Inicia una sucesión de actos. Sin embargo, esa fecundidad dura poco y vuelve a enredarse en las ficciones del Otro" (117). Se conecta con la falta del Otro, momento fructuoso de su duelo en el que se atreve a mirar la desnudez del padre y —al menos en este momento— no acepta el destino de ofrecerse él como víctima para disimularla. Claudio es un asesino.

¿Habría sido posible el duelo por Ofelia sin esta restitución fantasmática? Reconocer sin dudar la intención asesina de Claudio fue operable por algún movimiento de separación y desprendimiento del objeto —disfrazado de culpa— ofrecido a Claudio a cambio de su amparo. En el momento del acto, el manto piadoso con el que cubría —y a veces descubría— a Claudio y a Gertrudis es retirado. Y es en ese momento que el fantasma se reenmarca, duelo mediante, y da lugar al dolor por Ofelia en los próximos actos del drama. A pesar del horror de confirmar la revelación del asesinato, Hamlet recupera la falta y el deseo, y actúa según el trazado de su propio camino. Logra salirse, descompleta la escena en la que ampara a Claudio con la duda mientras se somete a su crueldad y vislumbra el más allá de la escena, que le significó ser capaz de realizar un acto acorde con el deseo. El acto no se piensa, se hace.

Afirma Gerez - Ambertín:

> Freud desenmascara la faz pulsional de la piedad: formación reactiva de la crueldad y envés del anhelo parricida, pues, con la piedad el hijo preserva el amparo paterno —pese al goce que clama por su aniquilación— y, simultáneamente, atribuye la corrosiva impiedad al padre; así, alimenta al fantasma parricida y obtiene un plus de goce sacrificial entrampándose en la faz pulsional de la piedad (100).

De vuelta en el texto de Shakespeare: en las dos escenas siguientes se despliega la locura de Ofelia y en pocas más, su suicidio y la escena de Hamlet en el cementerio. El restablecimiento del fantasma posibilita dar valor significante a la privación. Por decirlo de otro modo, hace coincidir el agujero de la castración (agujero simbólico con objeto imaginario) con el de la privación, agujero en lo real, cuyo objeto es simbólico. Esto permite reconocer el objeto del deseo ("yo amaba a Ofelia, y ni cuarenta mil hermanos...") (178) y reconocer su duelo en el duelo del Otro, Laertes.

Sin embargo, a pesar de subjetivizar el duelo, de haber recobrado el reconocimiento de su amor por Ofelia, de haber admitido el horror del goce asesino en Claudio, Hamlet se enreda en las banalidades del mundo y acepta el desafío de Laertes, preparado detalladamente por Claudio. El final se conoce. Casi todos mueren (¿casualmente?) con el veneno que inició el drama. Laertes, porque cae en la trampa que le tendió a Hamlet. Hamlet, con la misma estocada. Claudio, porque Hamlet le asesta la espada envenenada. Y Gertrudis toma de la copa envenenada servida para Hamlet, no sin antes decir: "Debo tomarla". Si hubo un acto al final de la obra no es el homicidio de Claudio. Si hubo un acto, fue el acto del ahora rey Hamlet ordenando a Horacio no morir para ser testigo y trasmisor de su deseo. Y el resto es el silencio que permite el "paso" de la corona y de la historia al joven Fortimbrás.

En este final, que tiene visos de ceremonia, de ritual, Hamlet se apropia de su palabra y de su función. Si antes ofrecía su deseo en sacrificio, ahora es su deseo el que conducirá Dinamarca.

BIBLIOGRAFÍA

Abad, Gabriela A. *Escena y escenarios de la transferencia*. Buenos Aires.— Los Ángeles. Argus—*a*, 2015

Abraham, Karl. *Un breve estudio de la evolución de la libido, considerada a la luz de los trastornos mentales*. O. C.Barcelona. RBA Coleccionables, 2004

Abraham, N., Torok, (1978) M. *La corteza y el núcleo*. Buenos Aires. Amorrortu, 2005

Agamben, Giorgio. *Estado de excepción*. Buenos Aires. Adriana Hidalgo, 2004

Allouch, Jean. *Erótica del duelo en el tiempo de la muerte seca*. Argentina. Literales, 2006

Arendt, Hannah. *La condición humana*. Buenos Aires. Paidós, 2004

Ariés, Philippe. *El hombre ante la muerte*. Buenos Aires Taurus, 1999

Ariès Philippe y Duby, Georges. *Historia de la vida privada*. Tomo I. Buenos Aires. Aguilar, 1990

---. *Historia de la vida privada*. Tomo 8. Buenos Aires. Aguilar, 1990

Barthes, Roland. *El Placer del texto y la lección inaugural*. Buenos Aires. Siglo XXI, 2003

---. *Diario de duelo*. Buenos Aires. Siglo XXI, 2009

Bauab, Adriana. *Los tiempos del duelo*. Buenos Aires. Homo Sapiens, 2001

Bleichmar, Silvia. *La subjetividad en riesgo*. Buenos Aires. Topía, 2005

Braunstein, Néstor. *La memoria del uno y la memoria del Otro. Inconsciente e historia.* México. Siglo XXI, 2012

---. *El olvido del crimen como crimen del olvido.* En Gerez Ambertín (Comp). *Culpa, responsabilidad y castigo.* Vol. III. Bs. As. Letra Viva, 2009

---. *Ficcionario de psicoanálsis.* México. Siglo XXI, 2001

---. *Goce.* México. Siglo XXI. 1990

Derrida, Jacques. *Estados de ánimo del psicoanálisis. Espacios del Saber.* Buenos Aires. Paidós, 2000

--. *Dar (el) tiempo.* Buenos Aires. Paidós, 1995

Durkheim, Emile. (1897) *El suicidio.* Madrid. Akal, 2003

Elmiger, María Elena. "El sujeto efecto de la ley". En *Culpa, Responsabilidad y Castigo en el discurso jurídico y psicoanalítico.* Vol I. Buenos Aires. Letra Viva, 2011.

---. "La violencia como efecto de desubjetivación en los duelos". En *Culpa, Responsabilidad y Castigo en el discurso jurídico y psicoanalítico.* Vol III. Buenos Aires. Letra Viva, 2009

Fernández, Élida. *Las Psicosis y sus Exilios.* Buenos Aires. Letra Viva, 1999

Ferreira, Norberto. *La dimensión clínica del psicoanálisis.* Buenos Aires. Kliné, 2005

Fischman, M. y Alicia Hartmann. *Amor, Sexo y… Fórmulas.* Buenos Aires. Manantial, 1995

Freud, Sigmund. (1933) ¿Por qué la guerra? Tomo XXII. Buenos Aires. Amorrortu, 1996

---. (1927—1928) Dostoyevsky y el Parricidio. Tomo XXI. Buenos Aires. Amorrortu, 1996

---. (1925—1926) Inhibición, Síntoma y Angustia. Tomo XX. Buenos Aires. Amorrortu, 1996

---. (1924) El problema económico del masoquismo. Madrid. Biblioteca Nueva. Tomo XIX. Buenos Aires. Amorrortu, 1989

---. (1922—1923) Una Neurosis demoníaca en el siglo XVII. Tomo. XIX. Buenos Aires. Amorrortu, 1989

---. (1920) Más allá del principio del placer. Tomo XVIII. Buenos Aires. Amorrortu, 1999

---. (1916) Algunos tipos de carácter dilucidados por el trabajo analítico. Tomo XV. Buenos Aires. Amorrortu, 1989

---. (1914—1918). Historia de una Neurosis Infantil. Tomo XVII. Buenos Aires. Amorrortu, 1988

---. (1915) De guerra y muerte. Temas de actualidad. Tomo XIV. Buenos Aires .Amorrortu, 1989

---. Duelo y Melancolía (1915—1917). Tomo XIV. Buenos Aires. Amorrortu, 1989

---. La transitoriedad. (1915—1916). Tomo XIV. Buenos Aires. Amorrortu, 1989

---. Introducción al Narcisismo. (1914). Tomo XIV. Buenos Aires. Amorrortu, 1989

---. Tótem y Tabú (1913). Tomo XIII. Buenos Aires.Amorrortu, 1988

---. (1900—1901). Psicopatología de la Vida Cotidiana. Tomo VI. Buenos Aires. Amorrortu, 1988

---. (1899—1900). Tomos IV y V. La interpretación de los sueños. Buenos Aires. Amorrortu, 1989

---. (1893—1899). Tomo III. Primeras Publicaciones psicoanalíticas. Buenos Aires. Amorrortu, 2012

---. (1893—1895). Tomo II. Estudios sobre la histeria. Buenos Aires. Amorrortu, 1987

---. (1886—1899). Tomo I. Publicaciones prepsicoanalíticas y manuscritos inéditos en vida de Freud. Buenos Aires. Amorrortu, 2011

---. *Epistolario*. (1873—1939). Selección de E. Freud. Madrid. Biblioteca Nueva, 1962

---. *Los orígenes del psicoanálisis* (1887—1902). Madrid Biblioteca Nueva, 1972.

Gerez—Ambertín, Marta. *Los Imperativos del Superyó: Casos Clínicos*. Buenos Aires. Letra Viva, 2014

---. *Entre deudas y culpas: sacrificios*. Buenos Aires. Letra Viva, 2008

---. *Las voces del superyó*. Buenos Aires. Letra Viva, 2007

Gómez Silva, Guido. *Breve diccionario etimológico de la lengua española*. México. Fondo de Cultura Económica, 1996

Guyomard, Patrick. *El deseo de Ética*. Buenos Aires. Piadós, 1999

---. *El goce de lo trágico*. Buenos Aires .Ediciones de la Flor, 1997

Hartmann, Alicia. *En busca del niño en la estructura*. Buenos Aires. Letra Viva, 2009

Hassoun, Jaques. *El oscuro objeto del odio*. Buenos Aires. Catálogos, 1999

---. *El exilio de la memoria*. Argentina. Xavier Bóbeda. 1998

---. *La crueldad melancólica*. Argentina. Homo Sapies. 1996

---. *La Indias Occidentales*. Buenos Aires. De la Equis, 1995

Jinkis, Jorge. *No sólo es amor, madre*. Buenos Aires, Edhasa, 2013

---. *Sterben Sie?, Sterben Sie?, Sterben Sie?* En Revista Conjetural N° 44. Buenos Aires. Siglo XXI. 2006.

Klein, M. (1940). *El duelo y su relación con los estados maníacos—depresivos*. http://bibliotecadigital.apa.org.ar/greenstone/collect/revapa/index/assoc/19500703p0415.dir/REVAPA19500703p0415Klein.pdf

Lacan, Jacques. *Seminario 11. (1964—65). Los Cuatro Conceptos Fundamentales del Inconsciente*. Buenos Aires. Paidós, 1995

---. *Seminario 10 bis, Los Nombres del Padre*. Clase única. 20/11/63.   Inédito.

---. *Seminario 10. (1962—63). La Angustia*. Buenos Aires. Paidós, 2006

---. *Seminario 8. (1960- 61) La Transferencia*. Buenos Aires. Piadós, 2003

---. *Seminario 7. (1959—60) La Ética del Psicoanálisis*. Buenos Aires.. Piadós, 1990

---. *(1958—59) Seminario 6. El deseo y su Interpretación*. Inédito

---. *(1957—58) Seminario 5. Las Formaciones del Inconciente*. Buenos Aires. Paidós, 1999

---. *Seminario 4. (1956—57). La relación de objeto*. Buenos Aires. Piadós, 1994

---. *Seminario 3. (1955—56). Las Psicosis.* Buenos Aires. Piadós, 1986

---. *(1954—55) Seminario 2. El yo en la teoría de Freud y en la Técnica psicoanalítica.* Buenos Aires. Piadós, 1983

---. *(1953—54) Seminario 1. Los Escritos Técnicos de Freud.* Buenos Aires. Paidós, 1983

---. *Escritos 1 y 2.* Buenos Aires. Siglo XXI, 1988

Legendre, P. *Lo que Occidente no ve de Occidente.* Buenos Aires. Amorrortu, 2008

---. *El inestimable objeto de la transmisión.* México. Siglo XXI, 1996

---. *El Crimen del Cabo Lortie.* México. Siglo XXI, 1994

Levi, Primo. (1947). *Si esto es un hombre.* Barcelona. Muchnik, 1998

Raimbault, Genette. *Hablemos del duelo.* Buenos Aires. Nueva Visión, 2004

---. *La muerte de un hijo.* Buenos Aires. Nueva Visión, 1996

Rabinovich, Diana. *La angustia y el deseo del Otro.* Buenos Aires. Manantial, 1993

---. *El concepto de objeto en la teoría psicoanalítica.* Buenos Aires. Manantial, 1990

---. *Una clínica de la pulsión: las impulsiones.* Buenos Aires. Manantial, 1989

Rabant, Claude. *Inventar lo Real.* Buenos Aires. Nueva Visión, 1993

Roudinesco, E Elisabeth. *Nuestro lado oscuro.* Barcelona. Anagrama, 2009

Shakespeare, William. *Hamlet.* Buenos Aires. Longseller, 2011

Thomsom, Ian. *Primo Levi*. Barcelona. Grupo Editorial Norma, 2007

Zizek, Slavoj. *Las metástasis del goce*. Bs. As. Paidós, 2003

---. *El acoso de las fantasías*. México. Siglo XXI editores, 1999

Revistas:

Revista Conjetural N.44. "*Steben Sie?*"... Buenos Aires. El Sitio, 2006

---. N° 42. Duelo y Transmisión. Buenos Aires. El Sitio, 2005

---. N° 34. Hamlet, nuestro contemporáneo. Buenos Aires. Nuevohacer. Grupo Editor Latinoamericano.

---. N° 25. El fantasma de suicidio. Melancolía y humor. Buenos Aires. El Sitio, 1992

---. N° 12. Buenos Aires. Hamlet: tiempo y acto. Buenos Aires, El Sitio, 1987

Revista Litoral N° 22. El color de la muerte. Córdoba. Argentina. Edelp, 1996

---. N° 17. La función del duelo. Córdoba. Argentina. Edelp, 1994

Revista Actualidad Psicológica N° 312. El trabajo del duelo. Buenos Aires, 2003

---. N° 246. Los duelos. Buenos Aires, 1997

Revista Imago genda N° 183. El Narcisismo. Buenos Aires, 2014

Índice

Agradecimientos

Epistoprólogo, por Néstor A. Braunstein   *i - viii*

Introducción   *1*

Capítulo I: La subjetivación del duelo en Freud

1.1.	Consideraciones generales	7
1.2.	Cuestiones para pensar el duelo: Freud y Lacan	11
1.3.	Sujeto y duelo en psicoanálisis	13
1.4.	El duelo en un niño	14

Capítulo II: Lo público, lo privado, lo íntimo en el duelo

2.1.	Lenguaje, inconsciente y sociedad en el duelo	21
2.2.	Público, privado e íntimo: una cobertura posible	27
2.3.	Lo público en el duelo	29
2.4.	Lo privado en el duelo	30
2.5.	Lo íntimo en el duelo	32
2.6.	Engendrar lo público en el duelo	37

Capítulo III: Conceptualizaciones sobre el duelo.

Aporte de Freud, Lacan, Abraham, Klein y otros

3.1.	Hacia una delimitación del duelo	41
3.2.	La concepción freudiana en su pluralidad	44
3.3.	La concepción lacaniana	49
3.4.	El duelo en la concepción de otros psicoanalistas	53
3.5.	El concepto de duelo al que se llega en este trabajo	57

Capítulo IV: Duelo y culpa

4.1.	Deuda y duelo	59
4.2.	Duelo, deuda y dis(culpa)	64
4.3.	La operación del duelo: culpa y sacrificio	66
4.4.	Un duelo imposible: Mayti	68

Capítulo V: Culpa y Ritual

5.1.	Culpa y ritos en Tótem y tabú, *"De guerra y de muerte"* y *"La transitoriedad"*	73
5.2.	Nélida: Un duelo imposibilitado	80

Capítulo VI: "Duelo y melancolía": una lectura posible

6.1.	"Introducción al Narcisismo": un tejido epistemológico para el duelo	87
6.2.	De "Introducción al Narcisismo" a "Duelo y Melancolía"	90
6.3.	El duelo y sus paradojas	95
6.4.	El duelo de una hija	102

Capítulo VII: La cuestión del duelo en Lacan

7.1.	Introducción	109
7.2.	La cuestión de la "falta" y el objeto perdido	110
7.3.	La "falta": privación, frustración y castración	111
7.4.	La significación fálica y el objeto a en el duelo	114
7.5.	La posible subjetivación del duelo	116
7.6.	El objeto causa, lo real y el fantasma	118
7.7.	El velamiento del objeto en el duelo	121
7.8.	Recortes clínicos	122

Capítulo VIII: Los rostros de la muerte y el duelo

8.1.	La muerte y los enmascaramientos del duelo	125

8.2.	*Las primeras muertes*	*127*
8.3.	*La muerte medieval*	*131*
8.4.	*La muerte moderna*	*138*
8.5.	*La muerte contemporánea*	*142*

Capítulo IX: El duelo en Hamlet

9.1.	*Advertencia: el camino de Freud*	*149*
9.2.	*Lo que Lacan nos enseña sobre el duelo de Hamlet*	*152*
9.3.	*Trauma. Privación. Comienzo de la obra*	*153*
9.4.	*Esa "pobre" Ofelia rechazada*	*160*
9.5.	*Procrastinación y escena sobre la escena*	*163*
9.6.	*La muerte de Polonio y el trazo fecundo del duelo*	*167*

Bibliografía *171*

Argus-*a*

Artes y Humanidades / Arts and Humanities

Los Ángeles – Buenos Aires

2016

www.ingramcontent.com/pod-product-compliance
Lightning Source LLC
Chambersburg PA
CBHW020649220526

45464CB00001B/359